¡Vamos! 바모스
뉴스로 배우는 스페인어

저자 소개

김성조

전 한국외국어대학교 강사
전 동국대학교 강사
전 광운대학교 강사
전 이화여자대학교 강사
전 한국외국어대학교 중남미 연구소 책임연구원
현 한국보건산업진흥원 자문위원
현 정보통신기술진흥센터 평가위원
현 연세대학교 언어연구교육원

바모스!
뉴스로 배우는 스페인어

초판 1쇄 발행 2017년 8월 31일

지은이 김성조
펴낸이 박민우
기획팀 송인성, 김선명, 박종인
편집팀 박우진, 김영주, 김정아, 최미라
관리팀 임선희, 정철호, 김성언, 권주련

펴낸곳 (주)도서출판 하우
주소 서울시 중랑구 망우로68길 48
전화 (02)922-7090
팩스 (02)922-7092
홈페이지 http://www.hawoo.co.kr
e-mail hawoo@hawoo.co.kr
등록번호 제475호

값 13,000원
ISBN 979-11-86610-99-2 13770

* 이 책의 저자와 (주)도서출판 하우는 모든 자료의 출처 및 저작권을 확인하고 정상적인 절차를 밟아 사용하였습니다. 일부 누락된 부분이 있을 경우에는 이후 확인 과정을 거쳐 반영하겠습니다.

* 이 책은 저작권법에 따라 보호받는 저작물이므로 무단전재와 무단복제를 금지하며, 이 책 내용의 전부 또는 일부를 이용하려면 반드시 저작권자와 (주)도서출판 하우의 서면 동의를 받아야 합니다.

 MP3 다운로드 www.hawoo.co.kr 접속 후 '자료실'에서 다운로드

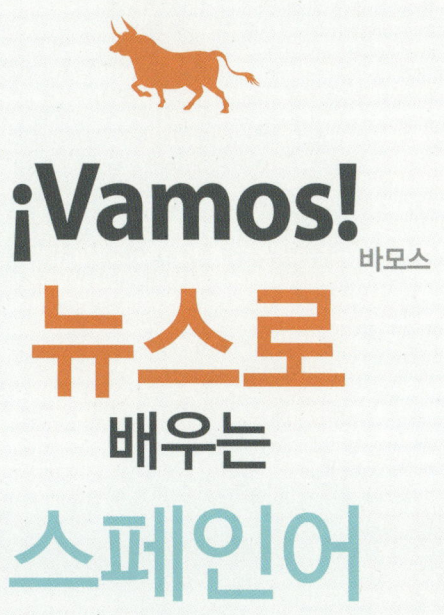

¡Vamos! 바모스
뉴스로 배우는
스페인어

김 성 조 지음

머 리 말

이 책은 다양한 미디어를 통해서 스페인어를 학습할 수 있도록 고안된 책입니다. 학습효과를 증대시키기 위해 짧은 기사에서 긴 기사로, 쉬운 어휘와 문법에서 점점 어려운 어휘와 문법을 공부할 수 있도록 학습 항목의 난이도를 올바르게 배열하기 위해 노력했습니다. 또 다양한 주제를 학습할 수 있도록 주제를 선정하는데도 심혈을 기울였습니다. 현대는 미디어의 시대입니다. 스페인어라는 좋은 도구가 미디어라는 새로운 창을 통해 넓게 열려지기를 바랍니다. 그리하여 넓은 세상을 통해 넓고 멀리 보는 시야가 더 커지기를 기원합니다.

마지막으로 부족한 자식을 늘 사랑과 은혜로 보살펴주시는 부모님께 깊은 감사를 드립니다.

김성조 씀

차 례

01	생활과 사건		9
02	세계와 사람		19
03	국제		29
04	문화		39
05	건강		49
06	문화 2		59
07	의학		69
08	음식		79

09	국제 2	89
10	건강 2	101
11	음식 2	113
12	환경	127
13	사회	141

정답 151

¡Vamos!
El español en noticias

생활과 사건

1. **학습내용**

   학습목표

2. **미리보기** • 어휘 체크

3. **뉴스보기**

4. **뉴스해설** • 표현연구 • 확인하기

5. **참여마당** • 정확하게 쓰인 단어 고르기

   • 본문 이해 확인하기

1 생활과 사건

Lo nuevo Medio
Idioma español

Lunes
Mayo 21

학습내용
달걀 5000개

학습목표
생계형 절도 사건에 관련된 스페인어 표현을 이해하고 활용할 수 있다

2 미리보기

Lo nuevo Medio
Idioma español

Martes
Junio 13

어휘 체크

detener 동	**presunto** 명
robar 동	**autor** 명
introducir 동	**euro** 명
producir 동	**empresa** 명
acusar 동	**producto** 명
valorar 동	**ganadero** 명
sustraer 동	**instalaciones** 명
hombre 명	**cosa** 명
huevo 명	**sur** 명
gallina 명	**isla** 명

3 뉴스 보기

Lo nuevo Medio
Idioma español

Julio
Miércoles 8

Va_Noticias_01

Detenido un hombre en Tenerife(España) por robar 5.000 huevos de gallina

La Guardia Civil detiene a un hombre, en Tenerife (España) como presunto autor del robo de 5.000 huevos de gallina de una empresa de productos ganaderos, valorados en 1.200 euros. Según el relato policial, el hombre se introduce en las instalaciones de la empresa y sustrae los 5.000 huevos de gallina.

El detenido es acusado de un delito de robo en las cosas. El robo se produse en Abona, al sur de la isla.

-Texto modificado de EFE-

4 뉴스 해설

Lo nuevo Medio
Idioma español

Agosto
Jueves 19

표현연구

La Guardia Civil detiene a un hombre, en Tenerife(España) como presunto autor del robo de 5.000 huevos de gallina de una empresa de productos ganaderos, valorados en 1.200 euros.

★ **La Guardia Civil** : 경찰

★ **detiene : detener** 동사(체포하다)

detengo	detenemos
detienes	detenéis
detiene	detienen

★ **un hombre** : 부정관사

un hombre	una mujer
unos hombres	unas mujeres

★ **en Tenerife** : Tenerife 에서

★ **como** : --로서

★ **presunto autor** : 용의자

★ **robo / lobo** : 절도 / 늑대

★ **de cinco mil** : 5000개의 , 5,000 : 5개

 스페인어에서 ','는 소수점을 '.'는 천의 자리를 의미한다. 한국과 다르니 참고하기 바란다.
예 1,000,000 dolares는 몇 달러일까요? (정답: 1달러)

★ **gallina** (암탉) / **gallo** (수탉)

★ **empresa** : 기업, 회사

★ **productos ganaderos** : 축산품

뉴스 해설

Según el relato policial, el hombre introduce en las instalaciones de la empresa y sustrae los 5.000 huevos de gallina.

★ **según** : ~에 의하면

★ **el relato policial** : 경찰 관계자

★ 정관사

el hombre	la mujer
Los hombres	las mujeres

★ **introducir:** 침입하다

introduzco	introducimos
introduces	introducís
introduce	introducen

★ **las instalaciones** : 시설물

★ **sustraer:** 훔치다

sustraigo	sustraemos
sustraes	sustraéis
sustrae	sustraen

뉴스 해설

El detenido es acusado de un delito de robo en las cosas.

★ **el detenido :** 구속된 사람

★ **es :** ser동사 (~이다)

soy	somos
eres	sois
es	son

★ **acusado :** 기소되다

★ **delito de robo en las cosas :** 절도죄

El robo se produce en Abona, al sur de la isla.

★ **el robo :** 절도행위

★ **produce :** producir 동사 (발생시키다),

★ **se produce :** 발생되다

★ **al sur :** 남쪽에

★ **la isla :** 섬

확인하기

Lo nuevo Medio
Idioma español

Diciembre
Viernes 31

괄호 안의 두 단어 중 알맞은 것을 고르세요.

La Guardia Civil detiene a un hombre, en Tenerife (España) como presunto autor del robo de 5.000 (huevos/gallinas) de gallina de una empresa de productos ganaderos, valorados en 1.200 euros. Según el relato policial, el (hombre/mujer) se introduce en las instalaciones de la empresa y sustrae los 5.000 huevos de gallina. El detenido es acusado de un (delito/robo) de robo en las cosas.

5 참여마당

Lo nuevo Medio
Idioma español

Julio
Miércoles 8

◉ 정확하게 쓰인 단어 고르기

1) 맞는 것을 고르세요. (Señala la palabra correcta)
   ① gallina
   ② gallena
   ③ galleta

2) 맞는 것을 고르세요. (Señala la palabra correcta)
   ① euro
   ② uro
   ③ eura

3) 맞는 것을 고르세요. (Señala la palabra correcta)
   ① instalaciones
   ② instolaciones
   ③ instelaciones

◉ 본문 이해 확인하기

1) 이 뉴스는 무엇에 대해 이야기하고 있나요?
   ① autor
   ② empresa
   ③ delito

2) 이 범죄가 일어난 지역은 어디인가요?
   ① Sevilla
   ② Madrid
   ③ Tenerife

¡Vamos!
El español en noticias

세계와 사람

1 학습내용

학습목표

2 미리보기 • 어휘 체크

3 뉴스보기

4 뉴스해설 • 표현연구 • 확인하기

5 참여마당 • 정확하게 쓰인 단어 고르기

• 본문 이해 확인하기

Lo nuevo Medio
Idioma español

1 세계와 사람

Lunes
Mayo 21

학습내용
가사노동

학습목표
가사노동과 세계 경제에 관련된 스페인어 표현을 이해하고 활용할 수 있다.

Lo nuevo Medio
Idioma español

② 미리보기

Martes
Junio 13

어휘 체크

- **decir** 동
- **suponer** 동
- **formar** 동
- **indicar** 동
- **persona** 명
- **empleado** 명
- **representar** 동
- **aumentar** 동
- **regiones** 명
- **milliones** 명
- **mundo** 명
- **doméstico** 형
- **América Latina** 명
- **el Caribe** 명
- **Asia Pacífico** 명
- **África** 명
- **los países avanzados** 명
- **Oriente Medio** 명
- **parte** 명
- **informe** 명

3 뉴스 보기

Lo nuevo Medio
Idioma español

Julio
Miércoles 8

 Va_Noticias_02

Cincuenta y dos millones de personas en el mundo son empleados domésticos

Las mujeres representan el 83 por ciento.

El servicio doméstico supone el 7,5 % del empleo asalariado de las mujeres en el mundo.

Ese porcentaje aumenta por regiones como Oriente Medio (31,8 %), América Latina y el Caribe (26,6 %) y Asia Pacífico (11,8 %).

En Asia Pacífico hay 21,4 millones de trabajadores domésticos; en América Latina y el Caribe, 19,6 millones; en África, 5,2 millones: en los países avanzados, 3,6 millones y en Oriente Medio, 2,1 millones. Los datos forman parte del primer informe de la Organización Internacional del Trabajo (OIT) La OIT indica que los números reales de los trabajadores domésticos puede ser más grande.

-Texto modificado de EFE-

4 뉴스 해설

Lo nuevo Medio
Idioma español

Agosto
Jueves 19

표현연구

> Cincuenta y dos millones de personas en el mundo son empleados domésticos

★ **Cincuenta y dos millones de personas :** 5200만 명의 사람들

★ **en el mundo :** 세계에 있는

★ **empleados domésticos :** 가사 노동자

> Las mujeres representan el 83 por ciento.

★ **Las mujeres :** 여성들, **los hombres :** 남성들

★ **representan :** representar

represento	representamos
representas	representáis
representa	representan

★ **el 83 por ciento :** 83퍼센트

02 세계와 사람

뉴스 해설

El servicio doméstico supone el 7,5 % del empleo asalariado de las mujeres en el mundo.

★ **El servicio doméstico :** 가사 노동

★ **supone : suponer** 추정하다

supongo	suponemos
supones	suponéis
supone	suponen

★ **el 7,5 % :** el siete con cinco por ciento (7.5%)

★ **del empleo asalariado :** 급여를 지급하는 일자리

★ **de las mujeres en el mundo :** 전 세계 여성의

Ese porcentaje aumenta por regiones como Oriente Medio (31,8 %), América Latina y el Caribe (26,6 %) y Asia Pacífico (11,8 %).

★ 지시 형용사

ese	esa	esos	esas
este	esta	estos	estas
aquel	aquella	aquellos	aquellas

★ **Ese porcentaje :** 그 백분율, 퍼센티지

★ **por regiones :** 지역들에서

★ **como :** ~와 같은

★ **Oriente Medio :** 중동

★ **31,8 % :** treinta y uno con ocho por ciento

뉴스 해설

En Asia Pacífico hay 21,4 millones de trabajadores domésticos; en América Latina y el Caribe, 19,6 millones;

★ **Asia Pacífico :** 태평양 연안 아시아 국가

★ **hay :** 있습니다. estar와 차이

 주로 정관사가 estar와 같이 나오고, 부정관사나 복수명사가 hay와 같이 나온다.

★ **21,4 millones :** veintiuno con cuatro millones, 2140만

★ **de trabajadores domésticos :** 가사 노동자들의

★ **América Latina :** 라틴 아메리카

★ **el Caribe :** 카리브 지역

en África, 5,2 millones: en los países avanzados, 3,6 millones y en Oriente Medio, 2,1 millones.

★ **los países avanzados :** 선진국가들

뉴스 해설

Los datos forman parte del primer informe de la Organización Internacional del Trabajo (OIT).

★ **formar parte :** 부분을 형성하다

★ **primer informe :** 첫번째 보고서, primero (첫번째), segundo (두번째), tercero (세번째) : 서수
두번째 보고서: segundo informe
세번째 보고서: tercer informe

★ **la Organización :** 기구

★ **Internacional :** 국제적인

★ **del Trabajo :** 노동에 관한

★ **OIT :** 국제노동기구

La OIT indica que los números reales de los trabajadores domésticos puede ser más grande.

★ **pueden :** poder, 할 수 있다

puedo	podemos
puedes	podéis
puede	pueden

★ **poder ser :** ~일 수 있다

확인하기

Lo nuevo Medio
Idioma español

Diciembre
Viernes 31

괄호 안의 두 단어 중 알맞은 것을 고르세요.

Las mujeres (representa/representan) el 83 por ciento. El servicio doméstico (supongo/supone) el 7,5 % del empleo asalariado de las mujeres en el mundo. (Ese/Esa) porcentaje aumenta por regiones como Oriente Medio (31,8 %), América Latina y el Caribe (26,6 %) y Asia Pacífico (11,8 %). (En/De) Asia Pacífico hay 21,4 millones de trabajadores domésticos; en América Latina y el Caribe, 19,6 millones; en África, 5,2 millones: en los países avanzados, 3,6 millones y en Oriente Medio, 2,1 millones. Los datos (forma/forman) parte del primer informe de la Organización Internacional del Trabajo(OIT). La OIT indica que los números reales de los trabajadores domésticos puede ser (mas/más) grande.

5 참여마당

Lo nuevo Medio
Idioma español

Julio
Miércoles 8

◉ 정확하게 쓰인 단어 고르기

1) 맞는 것을 고르세요. (Señala la palabra correcta)
   ① por ciento
   ② per ciento
   ③ per cient

2) 맞는 것을 고르세요. (Señala la palabra correcta)
   ① América
   ② America
   ③ america

3) 맞는 것을 고르세요. (Señala la palabra correcta)
   ① Oriente Medio
   ② Oriente Media
   ③ Orient Medio

◉ 본문 이해 확인하기

1) 이 뉴스는 무엇에 대해 이야기하고 있나요?
   ① OIT
   ② los países avanzados
   ③ servicio doméstico

2) 스페인어로 국제노동기구를 가리키는 말은 무엇인가요?
   ① ONU
   ② UNICEF
   ③ OIT

국제

1. 학습내용

   학습목표

2. 미리보기 • 어휘 체크

3. 뉴스보기

4. 뉴스해설 • 표현연구 • 확인하기

5. 참여마당 • 정확하게 쓰인 단어 고르기

   • 본문 이해 확인하기

Lo nuevo Medio
Idioma español

1 국제

Lunes
Mayo 21

학습내용
아프리카의 기아

학습목표
아프리카의 기아문제에 관련된 스페인어 표현을 이해하고 활용할 수 있다.

Lo nuevo Medio
Idioma español

② 미리보기

Martes
Junio 13

어휘 체크

- **africano** 명
- **morir** 동
- **malnutrición** 명
- **tener** 동
- **consecuencia** 명
- **dramática** 형
- **menor** 명
- **continente** 명
- **crecimiento** 명
- **provocar** 동
- **daño** 명
- **cognitivo** 형
- **irreversible** 형
- **dificultar** 동
- **la capacidad** 명
- **aprender** 동
- **invertir** 동
- **el Producto Interior Bruto** 명
- **anual** 형

뉴스 보기

Más de un millón de niños africanos muere al año por malnutrición

La malnutrición tiene consecuencias dramáticas para los menores de este continente. Una tercera parte de los niños menores de cinco años tienen un crecimiento raquítico.

La malnutrición provoca "un daño cognitivo irreversible y dificulta la capacidad de aprender", dice el director regional de UNICEF.

"Invertir en nutrición puede incrementar el Producto Interior Bruto (PIB) de un país en un dos o tres por ciento, anual".

-Texto modificado de EFE-

④ 뉴스 해설

Lo nuevo Medio
Idioma español

Agosto
Jueves 19

표현연구

> Más de un millón de niños africanos muere al año por malnutrición

★ **más de un millón** : 백만 이상의

★ **niño** : 남자아이

★ **africano** : 아프리카의

★ **morir 동사** : 죽다

muero	morimos
muñeres	morís
muere	mueren

muero	morimos
mueres	morís
muere	mueren

★ **al año** : 1년에

★ **por** : ~로 인해

★ **malnutrición** : 영양결핍

뉴스 해설

La malnutrición tiene consecuencias dramáticas para los menores de este continente.

★ **tener 동사 :** 가지다

tengo	tenemos
tienes	tenéis
tiene	tienen

★ **consecuencia :** 결과

★ **dramática :** 극적인

★ **para los menore :** 어린아이들에게

★ **este continente :** 이 대륙

Una tercera parte de los niños menores de cinco años tienen un crecimiento raquítico.

★ **una tercera parte :** 1/3

★ **los niños menores :** 어린 아이들

★ **crecimiento :** 성장

★ **raquítico :** 느린

뉴스 해설

La malnutrición provoca "un daño cognitivo irreversible y dificulta la capacidad de aprender", dice el director regional de UNICEF.

★ **provoca** 동사 : 유발하다

provoco	provocamos
provocas	provocáis
provoca	provocan

★ **daño** : 손상

★ **cognitivo** : 인지적인

★ **dificultar** 동사 : 어렵게 하다

dificulto	dificultamos
dificultas	dificultáis
dificulta	dificultan

★ **UNICEF** : el Fondo de Naciones Unidas para la Infancia : UN 아동기금

★ **director regional** : 지역책임자

"Invertir en nutrición puede incrementar el Producto Interior Bruto (PIB) de un país en un dos o tres por ciento, anual".

★ **invertir** : 투자하다

★ **incrementar** : 증가시키다

★ **el Producto Interior Bruto (PIB)** : 국내총생산

★ **anual** : 매년

확인하기

Lo nuevo Medio
Idioma español

Diciembre
Viernes 31

괄호 안의 두 단어 중 알맞은 것을 고르세요.

Más de un millón de niños africanos muere al año por malnutrición.

La malnutrición tiene consecuencias dramáticas para los menores de este continente. Una tercera (parte/parta) de los niños menores de cinco años tienen un crecimiento raquítico.

La malnutrición (provoca/provocan) "un daño cognitivo irreversible y dificulta la capacidad de aprender", dice el director regional de UNICEF.

"(Invertir/Comer) en nutrición puede incrementar el Producto Interior Bruto (PIB) de un país en un dos o tres por ciento, anual".

5 참여마당

Lo nuevo Medio
Idioma español

Julio
Miércoles 8

⊙ 정확하게 쓰인 단어 고르기

1) 맞는 것을 고르세요. (Señala la palabra correcta)
   ① consecuencia
   ② conseguencia
   ③ consequencia

2) 맞는 것을 고르세요. (Señala la palabra correcta)
   ① crecimiento
   ② crecemiento
   ③ crecemento

3) 맞는 것을 고르세요. (Señala la palabra correcta)
   ① capacidad
   ② capacitad
   ③ capacitid

⊙ 본문 이해 확인하기

1) 이 뉴스는 무엇에 대해 이야기하고 있나요?
   ① malnutrición
   ② crecimiento
   ③ producto

2) 어린아이의 영양결핍이 심각한 대륙은 어디인가요?
   ① África
   ② Asia
   ③ América

¡Vamos!
El español en noticias

문화

1. **학습내용**

   학습목표

2. **미리보기** · 어휘 체크

3. **뉴스보기**

4. **뉴스해설** · 표현연구 · 확인하기

5. **참여마당** · 정확하게 쓰인 단어 고르기

   · 본문 이해 확인하기

Lo nuevo Medio
Idioma español

문화

Lunes
Mayo 21

학습내용
성가족 성당

학습목표
스페인의 대표적인 건축물인 성가족 성당에 관련된 스페인어 표현을 이해하고 활용할 수 있다.

Lo nuevo Medio
Idioma español

2 미리보기

Martes
Junio 13

어휘 체크

- **sagrada** 형
- **abrir** 동
- **puerta** 명
- **decidir** 동
- **persona** 명
- **desempleo** 명
- **familia** 명
- **su** 형
- **patronato** 명
- **basílica** 명
- **situación** 명
- **fuente** 명
- **miércoles** 명
- **paro** 명
- **templo** 명
- **forma** 명
- **motivo** 명
- **desocupado** 형
- **ciudadano** 명
- **entrar** 동
- **diseñado** 형
- **gratuita** 형
- **conocer** 동
- **interés** 명

3 뉴스 보기

Lo nuevo Medio
Idioma español

Julio
Miércoles 8

Va_Noticias_04

La Sagrada Familia abre sus puertas

El patronato de la Sagrada Familia decide abrir las puertas de la basílica para las personas en situación de desempleo.

Según las fuentes de la Sagrada Familia, todos los miércoles a partir de las 15 horas, los ciudadanos que están en paro pueden entrar en el templo diseñado por Antonio Gaudí de forma gratuita.

Con esta acción la basílica quiere acercarse a todos aquellos que por motivos espirituales o culturales tienen interés en conocerla y están desocupados.

-Texto modificado de EFE-

4 뉴스 해설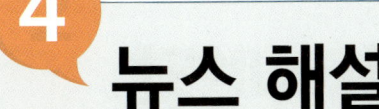

Lo nuevo Medio
Idioma español

Agosto
Jueves 19

표현연구

La Sagrada Familia abre sus puertas

★ **La Sagrada Familia** : 성가족성당

★ **su** : 그의(그녀의, 당신의, 그들의, 그녀들의, 당신들의)

★ **puerta** : 문

★ **abrir 동사** : 열다

abro	abrimos
abres	abrís
abre	abren

El patronato de la Sagrada Familia decide abrir las puertas de la basílica para las personas en situación de desempleo.

★ **el patronato** : 재단

★ **basílica** : 성당

★ **para** : 위해서

★ **en situación** : 상황에 있는

★ **desempleo** : 실직

★ **en situación de desempleo** : 실직 상황에 있는

★ **decidir 동사** : 결정하다

decido	decidimos
decides	decidís
decide	deciden

뉴스 해설

Según las fuentes de la Sagrada Familia, todos los miércoles a partir de las 15 horas, los ciudadanos que están en paro pueden entrar en el templo diseñado por Antonio Gaudí de forma gratuita.

- ★ **según :** –에 의하면
- ★ **las fuentes :** 소식통
- ★ **todos los miércoles :** 매주 수요일
- ★ **a partir de :** –부터
- ★ **ciudadano :** 시민
- ★ **estar en paro :** 실직 중인
- ★ **templo :** 성당, 사원
- ★ **diseñado :** 설계된
- ★ **Antonio Gaudí :** 안또니오 가우디
- ★ **de forma gratuita :** 무료 형식으로(무료로)

뉴스 해설

안토니오 가우디(Antoni Placid Gaudí, 1852년 6월 25일 – 1926년 6월 10일)는 스페인의 가장 유명한 건축가이다. 스페인 바르셀로나에서 카사 밀라, 카사 바트요, 구엘 저택, 구엘 공원, 성가족 성당 등을 설계했으며, 나무, 하늘, 구름, 바람, 식물, 곤충 등 자연을 관찰하여 그것을 건축에 응용하여 그의 건축물들은 벽이나 천장에 곡선이 많다는 특징이 있다. 또 그는 내부 장식과 색, 빛이 모두 조화를 이루는 건물들을 다양한 방식으로 만들었다. 구엘 공원은 가우디가 후원자 에우세비오 구엘을 위해 지은 공원이다.

특히 카사 밀라와 구엘 저택, 구엘 공원은 1984년 유네스코 세계문화유산에 등재되었다. 그는 스페인 건축에 큰 획을 그었으나 1926년 6월 10일 구엘 공원 안의 작은 집에 살다가 전차에 치여 죽었다.

그가 설계한 성가족 성당은 아직도 바르셀로나에서 건축 중에 있다.

뉴스 해설

Con esta acción la basílica quiere acercarse a todos aquellos que por motivos espirituales o culturales tienen interés en conocerla y están desocupados.

★ **acción :** 조치, 행위

★ **motivo :** 동기, 이유

★ **cultural :** 문화적인

★ **tener interés en :** -에 관심을 갖다

★ **motivo :** 동기, 이유

★ **espiritual :** 영적인, 신앙적인

★ **cultural :** 문화적인

★ **desocupado :** 실직 상태에 있는

★ **querer 동사 :** 원하다

quiero	queremos
quieres	queréis
quiere	quieren

확인하기

괄호 안의 두 단어 중 알맞은 것을 고르세요.

La Sagrada Familia (abre/abren) sus puertas

El patronato de la Sagrada Familia decide (abrir/abre) las puertas de la basílica para las personas en situación de desempleo.

Según las fuentes de la Sagrada Familia, todos los miércoles a partir de las 15 horas, los ciudadanos que están en paro pueden (entrar/entran) en el templo diseñado por Antonio Gaudí de forma gratuita.

Con esta acción la basílica quiere acercarse a todos aquellos que por motivos espirituales o culturales tienen interés (en/por) conocerla y están desocupados.

Lo nuevo Medio
Idioma español

참여마당

Julio
Miércoles 8

⊙ 정확하게 쓰인 단어 고르기

1) 맞는 것을 고르세요. (Señala la palabra correcta)
   ① patronato
   ② patronata
   ③ patronito

2) 맞는 것을 고르세요. (Señala la palabra correcta)
   ① fuente
   ② fuenta
   ③ fuento

3) 맞는 것을 고르세요. (Señala la palabra correcta)
   ① basílica
   ② basilica
   ③ basilico

⊙ 본문 이해 확인하기

1) 이 뉴스는 무엇에 대해 이야기하고 있나요?
   ① La Sagrada Familia
   ② El Patronato
   ③ Antonio Gaudi

2) 위 글에서 다음 중 가리키는 대상이 다른 것은?
   ① el templo
   ② la basilica
   ③ la puerta

건강

1. 학습내용

   학습목표

2. 미리보기 • 어휘 체크

3. 뉴스보기

4. 뉴스해설 • 표현연구 • 확인하기

5. 참여마당 • 정확하게 쓰인 단어 고르기

   • 본문 이해 확인하기

1 건강

Lo nuevo Medio
Idioma español

Lunes
Mayo 21

학습내용
유럽연합 사람들의 건강과 삶

학습목표
유럽연합 사람들의 건강과 삶에 관한 스페인어 표현을 이해하고 활용할 수 있다.

2 미리보기

Lo nuevo Medio
Idioma español

Martes
Junio 13

어휘 체크

- Unión Europea (UE) 명
- coste 명
- española 형
- trabajo 명
- pasado 형
- baja 명
- estrés 명
- asociación 명
- medicina 명
- trabajador 명
- estresado 형
- laboral 형
- deberse a 동
- adoptar 동
- causa 명
- directivo 명
- consecuencia 명
- implicar 동
- solo 부
- atajar 동
- aunque 부
- preocupado 형
- tratarse de 동
- pérdida 명

3 뉴스 보기

Unión Europea: 40 millones de personas con estrés

En la Unión Europea (UE) unas 40 millones de personas tienen estrés y eso se traduce en un coste de 20.000 millones de euros, dice la Asociación Española de Medicina del Trabajo.

En España, el 62 por ciento de los trabajadores está más estresado que el año pasado y una de cuatro bajas laborales se debe al estrés. Solo el 26 por ciento de las empresas europeas adopta medidas para atajar sus causas, aunque el 79 por ciento de los directivos está preocupado por las consecuencias.

Se trata de un asunto muy serio que implica "pérdida de productividad", dice la Asociación.

-Texto modificado de EFE-

Lo nuevo Medio
Idioma español

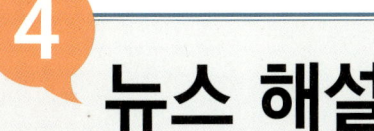 뉴스 해설

Agosto
Jueves 19

표현연구

Unión Europea: 40 millones de personas con estrés

★ **La Unión Europea :** 유럽연합

★ **con :** -와 함께

★ **estrés :** 스트레스

En la Unión Europea (UE) unas 40 millones de personas tienen estrés y eso se traduce en un coste de 20.000 millones de euros

★ **traducir 동사 :** 해석하다, 번역하다

traduzco	traducimos
traduces	traducís
traduce	traducen

★ **coste :** 비용

★ **20.000 :** veinte mil

★ **eso :** 그것 (esto: 이것, aquello: 저것)

뉴스 해설

dice la Asociación Española de Medicina del Trabajo.

★ **decir** 동사 : 말하다

digo	decimos
dices	decís
dice	dicen

★ **asociación** : 협회

★ **española** : 스페인의

★ **medicina** : 의료

★ **trabajo** : 노동

En España, el 62 por ciento de los trabajadores está más estresado que el año pasado y una de cuatro bajas laborales se debe al estrés.

★ **deber** 동사 : 빚을 지다

debo	debemos
debes	debéis
debe	deben

★ **deberse a** : -에 원인이 있다

★ **trabajador** : 노동자

★ **más estresado** : 더 스트레스를 받는

★ **el año pasado** : 작년

★ **baja** : 퇴직

★ **laboral** : 노동의

★ **se debe al estrés** : 스트레스가 원인이다

뉴스 해설

Solo el 26 por ciento de las empresas europeas adopta medidas para atajar sus causas, aunque el 79 por ciento de los directivos está preocupado por las consecuencias.

★ **adoptar** 동사 : 채택하다

adopto	adoptamos
adoptas	adoptáis
adopta	adoptan

★ **atajar :** 차단하다, 막다

★ **causa :** 원인

★ **aunque :** 비록 –지만

★ **directivo :** 경영자

★ **preocupado :** 걱정하다

★ **consecuencia :** 결과

뉴스 해설

Se trata de un asunto muy serio que implica "pérdida de productividad", dice la Asociación.

★ **tratar** 동사 : 다루다

trato	tratamos
tratas	tratáis
trata	tratan

★ **implicar** 동사 : 포함하다

implico	implicamos
implicas	implicáis
implica	implican

★ **tratarse de :** -에 대해 다루다

★ **asunto :** 사건

★ **serio :** 심각한

★ **pérdida :** 손실

★ **productividad :** 생산성

확인하기

Lo nuevo Medio
Idioma español

Diciembre
Viernes 31

괄호 안의 두 단어 중 알맞은 것을 고르세요.

En la Unión Europea (UE) unas 40 millones de personas (tiene/tienen) estrés y eso se (traduce/traducen) en un coste de 20.000 millones de euros, dice la Asociación Española de Medicina del Trabajo.

En España, el 62 por ciento de los trabajadores está más (estresado/estresada) que el año pasado y una de cuatro (bajos/bajas) laborales se debe al estrés.

Solo el 26 por ciento de las empresas europeas adopta medidas para (ataja/atajar) sus causas, aunque el 79 por ciento de los directivos está preocupado por las consecuencias.

Se trata de un asunto muy serio que implica "(pérdida/perdida) de productividad", dice la Asociación.

5 참여마당

Lo nuevo Medio
Idioma español

Julio
Miércoles 8

◉ 정확하게 쓰인 단어 고르기

1) 맞는 것을 고르세요. (Señala la palabra correcta)
   ① stres
   ② estres
   ③ estrés

2) 맞는 것을 고르세요. (Señala la palabra correcta)
   ① produtividad
   ② productividad
   ③ productividid

3) 맞는 것을 고르세요. (Señala la palabra correcta)
   ① asociacion
   ② asociation
   ③ asociación

◉ 본문 이해 확인하기

1) 이 뉴스는 무엇에 대해 이야기하고 있나요?
   ① estrés
   ② trabajador
   ③ medicina

2) 유럽연합에는 스트레스 받는 사람이 몇 명이나 있나요?
   ① cuatro millones de personas
   ② cuarenta millones de personas
   ③ cuatrocientos millones de personas

문화 2

1. **학습내용**

   학습목표

2. **미리보기** • 어휘 체크

3. **뉴스보기**

4. **뉴스해설** • 표현연구 • 확인하기

5. **참여마당** • 정확하게 쓰인 단어 고르기

   • 본문 이해 확인하기

Lo nuevo Medio
Idioma español

1 문화2

Lunes
Mayo 21

학습내용
멕시코 아카풀코 영화제와
영화배우 안토니오 반데라스

학습목표
멕시코 아카풀코 영화제와 영화배우
안토니오 반데라스에 관한 스페인어
표현을 이해하고 활용할 수
있다.

Lo nuevo Medio
Idioma español

② 미리보기

Martes
Junio 13

어휘 체크

Antonio Banderas 대

honor 명

cine 명

actor 명

noviembre 명

edición 명

invitado 형

festival 명

Acapulco 대

inaugurar 동

octava 수

internacional 형

cercanía 명

película 명

México 명

recuperar 동

fama 명

dañada 형

doblaje 명

exitoso 형

certamen 명

dignidad 명

antaño 부

ola 명

violencia 명

prolongar 동

semana 명

atravesar 동

durante 전

ciudad 명

06 문화 2 61

3 뉴스 보기

Va_Noticias_06

Antonio Banderas, invitado de honor del festival de cine de Acapulco

El actor español Antonio Banderas inaugura el 24 de noviembre, como invitado de honor, la octava edición del Festival Internacional de Cine de Acapulco.

"Banderas tiene mucha cercanía con doblajes o películas muy exitosas en México", dice el director del certamen, Víctor Sotomayor. El festival quiere recuperar la dignidad y la fama que tuvo antaño, dañada por la ola de violencia por la que atraviesa la ciudad, dice Sotomayor.

El festival se inaugura el 24 de noviembre y se prolonga durante una semana.

-Texto modificado de EFE-

4 뉴스 해설

Lo nuevo Medio
Idioma español

Agosto
Jueves 19

표현연구

Antonio Banderas, invitado de honor del festival de cine de Acapulco

★ **Antonio Banderas :** 영화배우 안토니오 반데라스

★ **invitado :** 초대객, 초대된 사람

★ **honor :** 명예

★ **el festival de cine :** 영화제

★ **Acapulco :** 아카풀코(멕시코의 유명한 휴양지)

뉴스 해설

El actor español Antonio Banderas inaugura el 24 de noviembre, como invitado de honor, la octava edición del Festival Internacional de Cine de Acapulco.

★ **inaugurar** 동사 : 개막식 테이프를 끊다

inauguro	inauguramos
inauguras	inauguráis
inaugura	inauguran

★ **actor/actriz** : 남우/여우

★ **español** : 스페인의

★ **noviembre** : 11월 (octubre 10월, diciembre 12월)

★ **como** : -로서

★ **octava** : 8번째의 (noveno, décimo)

★ **edición** : 대회

★ **internacional** : 국제적인

"Banderas tiene mucha cercanía con doblajes o películas muy exitosas en México", dice el director del certamen, Víctor Sotomayor.

★ **cercanía** : 친숙함   ★ **exitoso** : 성공적인

★ **doblaje** : 더빙   ★ **director** : 위원장

★ **película** : 영화   ★ **certamen** : 영화제, 대회

뉴스 해설

El festival quiere recuperar la dignidad y la fama que tuvo antaño, dañada por la ola de violencia por la que atraviesa la ciudad, dice Sotomayor.

★ **tener** 동사 직설법 단순과거형 : 가졌다

tuve	tuvimos
tuviste	tuvisteis
tuvo	tuvieron

★ **recuperar** : 회복하다

★ **dignidad** : 존엄

★ **fama** : 명성

★ **antaño** : 오래 전에

★ **atravesar** 동사 : 가로지르다, 만연하다

atravieso	atravesamos
atraviesas	atravesáis
atraviesa	atraviesan

★ **dañado** : 손상된

★ **ola** : 물결

★ **violencia** : 폭력

★ **ciudad** : 도시

뉴스 해설

El festival se inaugura el 24 de noviembre y se prolonga durante una semana.

★ **prolongar** 동사 : 계속하다

prolongo	prolongamos
prolongas	prolongáis
prolonga	prolongan

★ **durante** : -동안

★ **semana** : 주

확인하기

괄호 안의 두 단어 중 알맞은 것을 고르세요.

El actor español Antonio Banderas inaugura el 24 (de/a) noviembre, (para/como) invitado de honor, la octava edición del Festival Internacional de Cine de Acapulco.

"Banderas (tienen/tiene) mucha cercanía con doblajes o películas muy (exitosos/exitosas) en México", dice el director del certamen, Víctor Sotomayor.

El festival quiere recuperar la dignidad y la fama que tuvo antaño, dañada (para/por) la ola de violencia por la que atraviesa la ciudad, dice Sotomayor.

El festival se inaugura el 24 de noviembre y se prolonga durante una semana.

5 참여마당

Lo nuevo Medio
Idioma español

Julio
Miércoles 8

⊙ 정확하게 쓰인 단어 고르기

1) 맞는 것을 고르세요. (Señala la palabra correcta)
   ① cercania
   ② sercania
   ③ cercanía

2) 맞는 것을 고르세요. (Señala la palabra correcta)
   ① octaba
   ② octava
   ③ ocdava

3) 맞는 것을 고르세요. (Señala la palabra correcta)
   ① festibal
   ② pestibal
   ③ festival

⊙ 본문 이해 확인하기

1) 이 뉴스는 무엇에 대해 이야기하고 있나요?
   ① Antonio Banderas en el Festival de Cine de Acapulco
   ② la octava edición del Festival de Cine de Acapulco
   ③ la violencia de Acapulco

2) 영화제는 얼마 동안 계속되나요?
   ① una semana
   ② dos semanas
   ③ tres semanas

의학

1. 학습내용

   학습목표

2. 미리보기 • 어휘 체크

3. 뉴스보기

4. 뉴스해설 • 표현연구 • 확인하기

5. 참여마당 • 정확하게 쓰인 단어 고르기

   • 본문 이해 확인하기

1 의학

Lo nuevo Medio
Idioma español

Lunes
Mayo 21

학습내용
고전을 읽으면 머리가 좋아진다.

학습목표
고전의 독서에 관한 표현과 두뇌의 활성화에 관한 스페인어 표현을 이해하고 활용할 수 있다.

2 미리보기

Lo nuevo Medio
Idioma español

Martes
Junio 13

어휘 체크

leer 동	**poesía** 명
clásico 형	**terapia** 명
cerebro 명	**resultado** 명
Wordsworth 대	**mostrar** 동
estimular 동	**poco** 부
experto 명	**frase** 명
autor 명	**estructura** 명
activar 동	**complejo** 형
Shakespeare 대	**reaccionar** 동
T. S. Eliot 대	**semántica** 형
mente 명	**sin embargo** 접
afirmar 동	**coloquial** 형
experimental 형	
beneficioso 형	
autoayuda 명	
público 명	
disparar 동	
común 형	

3 뉴스 보기

Julio
Miércoles 8

Va_Noticias_07

Leer a los autores clásicos activa el cerebro

Leer a los autores clásicos como Shakespeare, Wordsworth o T.S. Eliot, estimula la mente, dicen expertos de la Universidad de Liverpool.

Expertos de la Universidad de Liverpool afirman en un trabajo experimental que la poesía puede ser más beneficiosa en las terapias que los libros de autoayuda.

Los resultados, que se presentan en público esta semana, muestran que la actividad cerebral se "dispara" cuando el lector encuentra palabras poco comunes o frases con una estructura semántica compleja. Sin embargo, el cerebro no reacciona cuando ese mismo contenido se expresa con palabras coloquiales.

-Texto modificado de EFE-

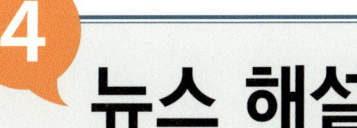

Lo nuevo Medio
Idioma español

4 뉴스 해설

Agosto
Jueves 19

표현연구

Leer a los autores clásicos activa el cerebro

★ **leer** : 읽다, 읽는 것 ★ **clásico** : 고전의

★ **autor** : 작가 ★ **activar** 동사 : 활성화하다

Leer a los autores clásicos como Shakespeare, Wordsworth o T.S. Eliot, estimula la mente, dicen expertos de la Universidad de Liverpool.

★ **Shakespeare**　★ **Wordsworth**　★ **T. S. Eliot**

★ **experto** : 전문가 ★ **mente** : 두뇌, 정신

★ **universidad** : 대학교

★ **estimular** 동사 : 자극하다

estimulo	estimulamos
estimulas	estimuláis
estimula	estimulan

★ **decir** 동사 : 말하다

digo	decimos
dices	decís
dice	dicen

뉴스 해설

Expertos de la Universidad de Liverpool afirman en un trabajo experimental que la poesía puede ser más beneficiosa en las terapias que los libros de autoayuda.

★ **afirmar 동사 :** 주장하다

afirmo	afirmamos
afirmas	afirmáis
afirma	afirman

★ **poder 동사 :** 할 수 있다

puedo	podemos
puedes	podéis
puede	pueden

★ **trabajo :** 연구

★ **experimental :** 실험적인

★ **poesía :** 시

★ **más :** 더

★ **beneficioso :** 효과적인, 유익이 있는

★ **terapia :** 치료

★ **autoayuda :** 자기계발

뉴스 해설

Los resultados, que se presentan en público esta semana, muestran que la actividad cerebral se "dispara" cuando el lector encuentra palabras poco comunes o frases con una estructura semántica compleja.

★ **resultado** : 결과　　★ **público** : 대중

★ **semana** : 주　　★ **actividad cerebral** : 두뇌 활동

★ **lector** : 독자　　★ **poco comunes** : 별로 일반적이지 않은

★ **frase** : 어구　　★ **estructura** : 구조

★ **semántica** : 의미적인　★ **compleja** : 복잡한

★ **presentar** 동사 : 제시하다, 공개하다

presento	presentamos
presentas	presentáis
presenta	presentan

★ **mostrar** 동사 : 보여주다

muestro	mostramos
muestras	mostráis
muestra	muestran

★ **disparar** 동사 : 급격히 증가하다

disparo	disparamos
disparas	disparáis
dispara	disparan

★ **encontrar** 동사 : 발견하다

encuentro	encontramos
encuentras	encontráis
encuentra	encuentran

뉴스 해설

Sin embargo, el cerebro no reacciona cuando ese mismo contenido se expresa con palabras coloquiales.

★ **Sin embargo :** 그럼에도 불구하고, 그러나

★ **cerebro :** 두뇌

★ **contenido :** 내용

★ **coloquial :** 구어적인

★ **reaccionar** 동사 **:** 반응하다

reacciono	reaccionamos
reaccionas	reaccionáis
reacciona	reaccionan

★ **expresar** 동사 **:** 표현하다

expreso	expresamos
expresas	expresáis
expresa	expresan

확인하기

괄호 안의 두 단어 중 알맞은 것을 고르세요.

(Leer/Estimular) a los autores clásicos (por/como) Shakespeare, Wordsworth o T.S. Eliot, estimula la mente, dicen expertos de la Universidad de Liverpool.

Expertos de la Universidad de Liverpool (afirman/afirma) en un trabajo experimental que la (poesia/poesía) puede ser más (beneficioso/beneficiosa) en las terapias que los libros de autoayuda.

Los resultados, que se presentan en público esta semana, (muestra/muestran) que la actividad cerebral se "dispara" cuando el lector encuentra palabras (pocos/poco) comunes o frases con una estructura semántica (complejo/compleja). Sin embargo, el cerebro no reacciona cuando ese mismo contenido se expresa con palabras coloquiales.

5 참여마당

Lo nuevo Medio
Idioma español

Julio
Miércoles 8

◉ 정확하게 쓰인 단어 고르기

1) 맞는 것을 고르세요. (Señala la palabra correcta)
   ① estímula
   ② extimula
   ③ estimula

2) 맞는 것을 고르세요. (Señala la palabra correcta)
   ① esperimental
   ② experimental
   ③ expirimental

3) 맞는 것을 고르세요. (Señala la palabra correcta)
   ① extructura
   ② estrictura
   ③ estructura

◉ 본문 이해 확인하기

1) 이 뉴스는 무엇에 대해 이야기하고 있나요?
   ① un trabajo experimental
   ② una novela
   ③ una poesía

2) 연구는 어디에서 이루어졌나요?
   ① una universidad
   ② una empresa
   ③ un centro comercial

음식

1. **학습내용**

   학습목표

2. **미리보기** • 어휘 체크

3. **뉴스보기**

4. **뉴스해설** • 표현연구 • 확인하기

5. **참여마당** • 정확하게 쓰인 단어 고르기

    • 본문 이해 확인하기

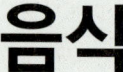

Lo nuevo Medio
Idioma español

음식

Lunes
Mayo 21

학습내용
Paella를 파는 방콕의 시장

학습목표
스페인의 대표적 음식인 Paella에 관한 표현과 태국의 방콕의 시장에서 팔리고 있는 현황에 관한 스페인어 표현을 이해하고 활용할 수 있다.

2 미리보기

Lo nuevo Medio
Idioma español

Martes
Junio 13

어휘 체크

La paella 명	**azafrán** 명
pasión 명	**decidir** 동
mercado 명	**debido a** 접
broma 명	**ibérico** 형
cocinero 명	**marisco** 명
paellera 명	**caber** 동
desatar 동	**calificar** 동
mayor 형	**oro** 명
atraer 동	**desde** 형
raciones 명	**orgulloso** 형
riojano 명	**enviar** 동
conversar 동	**chef** 명
amarillo 형	
ancho 명	
sangría 명	
variedad 명	
verdura 명	
sabor 명	

3 뉴스 보기

Lo nuevo Medio
Idioma español

Julio
Miércoles 8

Va_Noticias_08

La paella desata pasiones en el mayor mercado de Bangkok

Con mucho sentido del humor, Andrés atrae a mucha gente con las paellas que prepara entre música y bromas todos los fines de semana en el local Viva, en pleno mercado de Chatuchak.

"Hacemos unas 300 o 400 raciones por día y sólo trabajamos sábado y domingo, que es cuando está abierto este mercado", dice el cocinero riojano.

Andrés conversa animadamente con los turistas que se acercan curiosos a la paellera de un metro de ancho y al llamativo color amarillo del azafrán de la paella.

Algunos sólo toman fotos, pero la mayoría se decide a descansar de las compras en el mercado y probar la paella, quizá acompañándose con un vaso de sangría.

Debido al alto precio del arroz español, utiliza una variedad japonesa, muy parecida al arroz ibérico.

"Las verduras son buenas y el marisco aquí también está muy rico, pero no tiene el sabor del nuestro, qué duda cabe", dice el chef, quien muestra con orgulloso el azafrán que califica como "oro" y que sí le envían desde España.

-Texto modificado de EFE-

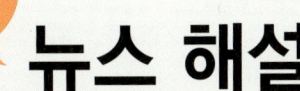 뉴스 해설

Lo nuevo Medio
Idioma español

Agosto
Jueves 19

표현연구

La paella desata pasiones en el mayor mercado de Bangkok

- ★ **La paella :** 빠에야
- ★ **desatar 동사 :** 분출시키다
- ★ **pasiones :** 열정
- ★ **el mayor :** 가장 큰
- ★ **mercado :** 시장

Con mucho sentido del humor, Andrés atrae a mucha gente con las paellas que prepara entre música y bromas todos los fines de semana en el local Viva, en pleno mercado de Chatuchak

- ★ **sentido :** 감각, 느낌
- ★ **humor :** 유머
- ★ **atraer 동사 :** 끌어모으다
- ★ **gente :** 사람들
- ★ **preparar 동사 :** 준비하다
- ★ **música :** 음악
- ★ **broma :** 농담
- ★ **todos los fines de semana :** 주말마다
- ★ **local :** 지역
- ★ **pleno :** 중심부의
- ★ **Viva :** 비바지역, 만세

뉴스 해설

"Hacemos unas 300 o 400 raciones por día y sólo trabajamos sábado y domingo, que es cuando está abierto este mercado", dice el cocinero riojano.

- ★ **hacer 동사 :** 만들다, 하다
- ★ **raciones :** – 인분
- ★ **abierto :** 열려있는
- ★ **cocinero riojano :** 라 리오하(La Rioja) 지방 출신의 요리사

Andrés conversa animadamente con los turistas que se acercan curiosos a la paellera de un metro de ancho y al llamativo color amarillo del azafrán de la paella.

★ **conversar 동사 :** 대화하다

converso	conversamos
conversas	conversáis
conversa	conversan

★ **acercar 동사 :** 접근하다

acerco	acercamos
acercas	acercáis
acerca	acercan

- ★ **animadamente :** 활기차게
- ★ **turista :** 관광객
- ★ **curioso :** 호기심있는
- ★ **ancho :** 너비
- ★ **llamativo :** 주목을 끄는
- ★ **amarillo :** 노란색
- ★ **azafrán :** 샤프란
- ★ **paellera :** 빠에야 팬

뉴스 해설

Algunos sólo toman fotos, pero la mayoría se decide a descansar de las compras en el mercado y probar la paella, quizá acompañándose con un vaso de sangría.

★ **tomar foto :** 사진을 찍다

★ **mayoría :** 대부분

★ **descansar 동사 :** 쉬다

★ **compras :** 구매, 쇼핑

★ **probar 동사 :** 시도하다

★ **quizá :** 대부분

★ **acompañar :** 곁들이다

★ **un vaso de sangría :** 한 잔의 상그리아

Debido al alto precio del arroz español, utiliza una variedad japonesa, muy parecida al arroz ibérico.

★ **debido a :** - 때문에

★ **alto precio :** 높은 가격

★ **arroz :** 쌀, 밥

★ **utilizar 동사 :** 사용하다

★ **ibérico :** 이베리아 반도의

뉴스 해설

"Las verduras son buenas y el marisco aquí también está muy rico, pero no tiene el sabor del nuestro, qué duda cabe", dice el chef, quien muestra con orgulloso el azafrán que califica como "oro" y que sí le envían desde España.

★ **verdura** : 야채

★ **marisco** : 해산물

★ **sabor** : 맛

★ **chef** : 요리사

★ **caber 동사** : 들어가다, 여지가 있다

quepo	cabemos
cabes	cabéis
cabe	caben

★ **rico** : 맛있다

★ **mostrar 동사** : 보여주다

★ **calificar 동사** : 평가하다

★ **desde** : – 에서

★ **enviar 동사** : 보내다

envío	enviamos
envías	enviáis
envía	envían

확인하기

Lo nuevo Medio
Idioma español

Diciembre
Viernes 31

괄호 안의 두 단어 중 알맞은 것을 고르세요.

Con mucho sentido del humor, Andrés (atrae/atraen) a mucha gente con las paellas que prepara entre (música/musica) y bromas todos los (fin/fines) de semana en el local Viva, en pleno mercado de Chatuchak.

"Hacemos unas 300 o 400 raciones por día y sólo trabajamos sábado y domingo, que es cuando está (abierta/abierto) este mercado", dice el cocinero riojano.

Andrés conversa (animadomente/animadamente) con los (turistas/turistos) que se acercan curiosos a la paellera de un metro de ancho y al llamativo color amarillo del azafrán de la paella.

Algunos sólo toman fotos, pero la mayoría se decide a (descansa/descansar) de las compras en el mercado y probar la paella, quizá acompañándose con un vaso de sangría.

Debido al alto precio del arroz español, utiliza una variedad (coreana/japonesa), muy parecida al arroz ibérico.

"Las verduras son buenas y el marisco aquí también está muy rico, pero no tiene el sabor del nuestro, (que/qué) duda cabe", dice el chef, quien muestra con orgulloso el azafrán que califica como "oro" y que sí le (envian/envían) desde España.

5 참여마당

Lo nuevo Medio
Idioma español

Julio
Miércoles 8

◉ 정확하게 쓰인 단어 고르기

1) 맞는 것을 고르세요. (Señala la palabra correcta)
   ① mayoria
   ② mayorio
   ③ mayoría

2) 맞는 것을 고르세요. (Señala la palabra correcta)
   ① ibarico
   ② ibérico
   ③ iberico

3) 맞는 것을 고르세요. (Señala la palabra correcta)
   ① qizá
   ② quiza
   ③ quizá

◉ 본문 이해 확인하기

1) 이 뉴스는 무엇에 대해 이야기하고 있나요?
   ① una comida española
   ② un arroz español
   ③ un mercado de Bangkok

2) Paella를 만들 때 필요한 것이 아닌 것은?
   ① pan
   ② una paellera
   ③ un poco de azafrán

국제 2

1. **학습내용**

   학습목표

2. **미리보기** • 어휘 체크

3. **뉴스보기**

4. **뉴스해설** • 표현연구 • 확인하기

5. **참여마당** • 정확하게 쓰인 단어 고르기

    • 본문 이해 확인하기

1 국제2

Lo nuevo Medio
Idioma español

Lunes
Mayo 21

학습내용
이베로 아메리카 국가와 스페인의 외교

학습목표
이베로 아메리카 국가와 스페인의 외교에 관한 스페인어 표현을 이해하고 활용할 수 있다.

Lo nuevo Medio
Idioma español

2 미리보기

Martes
Junio 13

어휘 체크

- **desear** 동
- **relación** 명
- **mantener** 동
- **compartidos** 형
- **motivo** 명
- **aniversario** 명
- **fortalecer** 동
- **iberoamericano** 형
- **intereses** 명
- **escena** 명
- **vigésimo** 수
- **transformaciones** 명
- **dinamismo** 명
- **profundización** 명
- **avances** 명
- **desafío** 명
- **objetivo común** 명
- **fundamental** 형
- **económico** 형
- **democrática** 형
- **integración regional** 명
- **desigualdad** 명
- **empleo** 명
- **ejes centrales** 명
- **magnífica ocasión** 명
- **contribuir** 동
- **compartir** 동
- **foro** 명
- **monarca** 명
- **impulso** 명
- **consolidar** 동
- **apoyar** 동
- **privilegiado** 형
- **lazos de hermandad** 명

3 뉴스 보기

Julio
Miércoles 8

 Va_Noticias_09

España desea fortalecer las relaciones iberoamericanas

España desea "fortalecer las relaciones" entre los países iberoamericanos y mantener los intereses compartidos para hacer valer el peso de esta comunidad de naciones en la escena internacional, dijo el rey Juan Carlos  con motivo del vigésimo aniversario de la Casa de América.

"Es un momento de grandes transformaciones para Iberoamérica" por "su dinamismo económico, su profundización democrática y los avances en integración regional", afirmó.

"El desafío de la lucha contra la desigualdad" es un objetivo común de los países iberoamericanos y añadió que "el empleo y el crecimiento económico son fundamentales.

Estos son los ejes centrales de la Cumbre Iberoamericana de Cádiz que para Don Juan Carlos constituye "una magnífica ocasión para dar un impulso a estas reuniones de Jefes de Estado y de Gobierno iberoamericanos."

La Casa de América, en Madrid, contribuye a consolidar la Comunidad Iberoamericana cuyos miembros comparten "intereses políticos y económicos" y a apoyar la lengua española. Es "un foro privilegiado" para profundizar en "los lazos de hermandad", dijo el monarca durante la ceremonia de celebración del aniversario de la Institución.

-Texto modificado de EFE-

Lo nuevo Medio
Idioma español

# 뉴스 해설

Agosto
Jueves 19

표현연구

España desea fortalecer las relaciones iberoamericanas

- ★ **desear** 동사 : 원하다
- ★ **fortalecer** 동사 : 강화하다
- ★ **relación** : 관계
- ★ **Iberoamérica** : 이베로 아메리카
- ★ **La América Latina** : 라틴 아메리카

뉴스 해설

España desea "fortalecer las relaciones" entre los países iberoamericanos y mantener los intereses compartidos para hacer valer el peso de esta comunidad de naciones en la escena internacional, dijo el rey Juan Carlos con motivo del vigésimo aniversario de la Casa de América.

★ **país** : 국가

★ **mantener** : 유지하다

★ **interés** : 이익

★ **compartido** : 공유된, 나눠가진

★ **valer** : 가치가 있다

★ **peso** : 무게, 중량감

★ **comunidad** : 공동체

★ **nación** : 국가

★ **escena** : 장

★ **motivo** : 동기

★ **vigésimo** : 스무 번째의

★ **aniversario** : 기념일

★ **decir** 동사 단순과거 : 말했다

dije	dijimos
dijiste	dijisteis
dijo	dijeron

뉴스 해설

"Es un momento de grandes transformaciones para Iberoamérica" por "su dinamismo económico, su profundización democrática y los avances en integración regional", afirmó

★ **momento** : 순간

★ **transformacón** : 변화

★ **dinamismo** : 역동성

★ **económico** : 경제적

★ **profundización** : 심화, 깊게 함

★ **democrática** : 민주적인, 민주주의의

★ **avance** : 전진

★ **integración** : 통합

★ **afirmar** 동사 단순과거 : 주장했다

afirmé	afirmamos
afirmaste	afirmasteis
afirmó	afirmaron

뉴스 해설

"El desafío de la lucha contra la desigualdad" es un objetivo común de los países iberoamericanos y añadió que "el empleo y el crecimiento económico son fundamentales.

★ **desafío :** 도전

★ **lucha :** 투쟁, 전쟁

★ **desigualdad :** 불평등

★ **objetivo :** 목적

★ **común :** 공통의

★ **añadir 동사 단순과거 :** 덧붙였다

añadí	añadimos
añadiste	añadisteis
añadió	añadieron

★ **empleo :** 고용

★ **crecimiento :** 성장

★ **fundamental :** 중요한, 기초적인

뉴스 해설

Estos son los ejes centrales de la Cumbre Iberoamericana de Cádiz que para Don Juan Carlos constituye "una magnífica ocasión para dar un impulso a estas reuniones de Jefes de Estado y de Gobierno iberoamericanos."

★ **eje :** 축

★ **central :** 중심적인

★ **Cumbre :** 정상회담

★ **magnífico :** 훌륭한

★ **ocasión :** 기회

★ **impulso :** 충동, 자극

★ **jefe :** 장, 우두머리

★ **estado :** 주

★ **gobierno :** 정부

★ **constituir 동사 :** 구성하다, 임명

constituyo	constituimos
constituyes	constituís
constituye	constituyen

뉴스 해설

La Casa de América, en Madrid, contribuye a consolidar la Comunidad Iberoamericana cuyos miembros comparten "intereses políticos y económicos" y a apoyar la lengua española

★ **consolidar :** 공고하게 하다

★ **miembro :** 구성원

★ **compartir :** 나누다

★ **apoyar :** 지지하다

contribuir 동사 : 기여하다

contribuyo	constituimos
contribuyes	constituís
contribuye	constituyen

Es "un foro privilegiado" para profundizar en "los lazos de hermandad", dijo el monarca durante la ceremonia de celebración del aniversario de la Institución.

★ **foro :** 포럼

★ **lazo :** 유대, 인연

★ **monarca :** 왕

★ **aniversario :** 기념일

★ **privilegiado :** 특별한

★ **hermandad :** 형제애

★ **celebración :** 개최

★ **Institución :** 기관

확인하기

괄호 안의 두 단어 중 알맞은 것을 고르세요.

España desea "fortalecer las relaciones" entre los países (iberoamericanos/iberoamericanas) y mantener los (interéses/intereses) compartidos para hacer valer el peso de esta comunidad de (naciones/naciónes) en la escena internacional, dijo el rey Juan Carlos con motivo del (vigésimo/vigésima) aniversario de la Casa de América. "Es un momento de grandes transformaciones para Iberoamérica" por "su dinamismo económico, su profundización democrática y los avances en integración (central/regional)", afirmó.

"El desafío de la lucha contra la (igualdad/desigualdad)" es un objetivo común de los países iberoamericanos y añadió que "el (desempleo/empleo) y el crecimiento económico son fundamentales.

Estos son los ejes centrales de la Cumbre Iberoamericana de Cádiz que para Don Juan Carlos constituye "una magnífica ocasión para dar un impulso a estas reuniones de Jefes de Estado y de Gobierno iberoamericanos."

La Casa de América, en Madrid, contribuye (a/de) consolidar la Comunidad Iberoamericana cuyos miembros comparten "intereses políticos y económicos" y (a/por) apoyar la lengua española.

Es "un foro privilegiado" para profundizar en "los lazos de (hermanidad/hermandad)", dijo el monarca durante la ceremonia de celebración del aniversario de la Institución.

5 참여마당

Lo nuevo Medio
Idioma español

Julio
Miércoles 8

◉ 정확하게 쓰인 단어 고르기

1) 맞는 것을 고르세요. (Señala la palabra correcta)
   ① Iberoamerica
   ② Ibero america
   ③ Iberoamérica

2) 맞는 것을 고르세요. (Señala la palabra correcta)
   ① magnifico
   ② magnífico
   ③ magnifíco

3) 맞는 것을 고르세요. (Señala la palabra correcta)
   ① desigualidad
   ② desigualedad
   ③ desigualdad

◉ 본문 이해 확인하기

1) 이 뉴스는 무엇에 대해 이야기하고 있나요?
   ① La Cumbre en la Casa de América
   ② El empleo y la América Latina
   ③ El desempleo y la nación

2) 이베로 아메리카에 속하지 않는 나라는?
   ① Trinidad y Tobago
   ② Chile
   ③ Brasil

건강 2

1. 학습내용

   학습목표

2. 미리보기 • 어휘 체크

3. 뉴스보기

4. 뉴스해설 • 표현연구 • 확인하기

5. 참여마당 • 정확하게 쓰인 단어 고르기

   • 본문 이해 확인하기

건강2

Lunes
Mayo 21

학습내용
건강과 섹시함의 관계

학습목표
섹시함을 나타내는 여러가지 요소에 관한 스페인어 표현을 이해하고 활용할 수 있다.

2 미리보기

Lo nuevo Medio
Idioma español

Martes
Junio 13

어휘 체크

- **inteligencia** 명
- **naturalidad** 명
- **serenidad** 명
- **belleza** 명
- **físico** 형
- **imán** 명
- **salud** 명
- **higiene** 명
- **autoestima** 명
- **residir** 동
- **sentido** 명
- **clave** 명
- **atractivo** 명
- **rasgo** 명
- **brillo** 명
- **organismo** 명
- **humor** 명
- **clínica** 형
- **suavizar** 동
- **gesto** 명
- **fluir** 동
- **ingrediente** 명
- **psicóloga** 명
- **dignidad** 명
- **bondad** 명
- **belleza** 동
- **además** 동
- **sencillo** 명
- **autora** 명
- **seducción** 명
- **autenticidad** 명
- **existir** 동
- **imagen** 동
- **accesible** 형
- **consejo** 명
- **espíritu** 명
- **paz** 명
- **inevitablemente** 부
- **además** 부
- **cultivar** 동
- **resistir** 동
- **culta** 형
- **interior** 형
- **seductora** 형
- **imagen** 명
- **inteligente** 형
- **ingeniosa** 형
- **franca** 형

3 뉴스 보기

Lo nuevo Medio
Idioma español

Julio
Miércoles 8

 Va_Noticias_10

¡No hay nada más "sexy" que la inteligencia!

Salud, naturalidad, higiene, serenidad, autoestima. La belleza personal no reside solo en el aspecto físico. Actitudes como el sentido del humor pueden convertirnos en un imán para los demás, pero ¡no hay nada más "sexy" que la inteligencia!

"Una de las claves del atractivo natural es la salud, ya que suaviza los rasgos y los gestos, da brillo a los ojos, abre la sonrisa, y hacer fluir la energía por el organismo. Sus otros ingredientes son la naturalidad, la higiene, la serenidad y el humor inteligente", dice la psicóloga clínica Patricia Villalba. El concepto de lo bello abarca la felicidad, la dignidad, la bondad, la sabiduría, el amor, la realización de uno mismo y la autenticidad, según las conclusiones de dos investigadoras norteamericanas, Nancy Etcoff y Susie Orbach, después de estudiar la relación de las mujeres con la belleza.

Existe, además, "un amigo de la buena imagen, económico, sencillo y accesible: nuestro atractivo original", dice Eva Gizowska, autora de "Seducción: 100 consejos para atraer', quien en la revista 'Psicología Práctica' afirma que "no es bueno intentar ser quien no somos."

Ahora bien, para atraer a los demás es fundamental la serenidad; es decir, esa "paz de espíritu que sale de dentro hacia fuera" porque "las personas que muestran paz interior, resultan inevitablemente seductoras".

Patricia Villalba aconseja cultivar el humor inteligente, porque nadie puede resistirse a una persona ingeniosa, simpática, culta, franca y confiable, que sabe escuchar y decir cosas que interesan.

-Texto modificado de EFE-

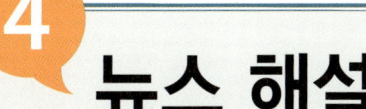

Lo nuevo Medio
Idioma español

뉴스 해설

Agosto
Jueves 19

표현연구

¡No hay nada más "sexy" que la inteligencia!

★ **nada :** 아무 것

★ **no hay nada :** 아무 것도 없다

★ **más sexy :** 더 섹시한 것은

★ **que :** – 보다, 비교의 que

★ **inteligencia :** 지성, 지성미

Salud, naturalidad, higiene, serenidad, autoestima.

★ **salud :** 건강

★ **naturalidad :** 솔직함

★ **higiene :** 위생

★ **serenidad :** 침착함

★ **autoestima :** 자존감

뉴스 해설

La belleza personal no reside solo en el aspecto físico. Actitudes como el sentido del humor pueden convertirnos en un imán para los demás, pero ¡no hay nada más "sexy" que la inteligencia!

- ★ **belleza** : 아름다움
- ★ **solo** : 단지
- ★ **actitud** : 태도
- ★ **el sentido de humor** : 유머감각
- ★ **convertir** : 바꾸다
- ★ **imán** : 자석, 매력적인 존재
- ★ **demás** : 다른 것들, 다른 사람들
- ★ **residir** : 있다, 존재하다
- ★ **físico** : 신체적인

Una de las claves del atractivo natural es la salud, ya que suaviza los rasgos y los gestos, da brillo a los ojos, abre la sonrisa, y hacer fluir la energía por el organismo.

- ★ **clave** : 열쇠, 비결
- ★ **atractivo natural** : 근원적인 매력
- ★ **ya que** : -(이)기 때문이다
- ★ **rasgo** : 특징
- ★ **brillo** : 광채
- ★ **hacer fluir** : 흐르게 하다
- ★ **organismo** : 인체
- ★ **suavizar** : 완화시키다
- ★ **gesto** : 몸짓, 표정
- ★ **sonrisa** : 미소
- ★ **energía** : 에너지

뉴스 해설

Sus otros ingredientes son la naturalidad, la higiene, la serenidad y el humor inteligente, dice la psicóloga clínica Patricia Villalba.

★ **ingrediente :** 재료, 요소

★ **el humor inteligente :** 지적인 감각

★ **psicóloga :** 심리학자

★ **clínica :** 임상의

El concepto de lo bello abarca la felicidad, la dignidad, la bondad, la sabiduría, el amor, la realización de uno mismo y la autenticidad, según las conclusiones de dos investigadoras norteamericanas, Nancy Etcoff y Susie Orbach, después de estudiar la relación de las mujeres con la belleza.

★ **lo bello :** 아름다움, 아름다운 것

★ **concepto :** 개념

★ **abarcar :** 포함하다   ★ **felicidad :** 행복

★ **dignidad :** 존엄   ★ **bondad :** 선

★ **la realización de uno mismo :** 자아실현

★ **autenticidad :** 진실성   ★ **según :** -에 의하면

★ **conclusión :** 결론   ★ **norteamericano :** 북미의, 미국의

★ **después de :** - 후에

뉴스 해설

Existe, además, "un amigo de la buena imagen, económico, sencillo y accesible: nuestro atractivo original", dice Eva Gizowska, autora de "Seducción: 100 consejos para atraer', quien en la revista 'Psicología Práctica' afirma que "no es bueno intentar ser quien no somos."

- ★ **existir :** 존재하다
- ★ **imagen :** 모양
- ★ **sencillo :** 단순한, 소박한
- ★ **accesible :** 가까운, 사귀기 쉬운
- ★ **autor(a) :** 저자
- ★ **seducción :** 유혹
- ★ **consejo :** 충고
- ★ **revista :** 잡지
- ★ **práctica :** 임상의, 실습의
- ★ **intentar :** 의도하다, 마음먹다
- ★ **ser quien no somos :** 우리가 아닌 존재

뉴스 해설

Ahora bien, para atraer a los demás es fundamental la serenidad; es decir, esa "paz de espíritu que sale de dentro hacia fuera" porque "las personas que muestran paz interior, resultan inevitablemente seductoras".

- ★ **ahora bien** : 그건 그렇다 치더라도, 그러나
- ★ **es decir** : 다시 말하면, 즉
- ★ **paz** : 평화
- ★ **espíritu** : 영혼
- ★ **salir de dentro** : 안에서 나와
- ★ **hacia fuera** : 밖으로
- ★ **mostrar** : 보여주다
- ★ **interior** : 내부의, 내적인
- ★ **resultar** : 결과를 가져오다
- ★ **inevitablemente** : 불가피하게
- ★ **seductor** : 유혹적인

뉴스 해설

Patricia Villalba aconseja cultivar el humor inteligente, porque nadie puede resistirse a una persona ingeniosa, simpática, culta, franca y confiable, que sabe escuchar y decir cosas que interesan.

- ★ **aconsejar** : 충고하다
- ★ **cultivar** : 키우다, 키우려고 애쓰다
- ★ **nadie** : 아무도
- ★ **resistir** : 막다, 저지하다
- ★ **ingenioso** : 재치있는, 영리한
- ★ **culto** : 교양있는
- ★ **franco** : 솔직한
- ★ **confiable** : 믿을 수 있는
- ★ **interesar** : 관심이 있다

확인하기

Lo nuevo Medio
Idioma español

Diciembre
Viernes 31

괄호 안의 두 단어 중 알맞은 것을 고르세요.

¡No hay nada más "sexy" que la inteligencia!

Salud, naturalidad, higiene, serenidad, autoestima. La belleza personal no reside solo en el aspecto físico. Actitudes (como/por) el sentido del humor (puede/pueden) convertirnos en (una/un) imán para los demás, pero ¡no hay (nadir/nada) más "sexy" que la inteligencia!

"Una de las claves del atractivo natural es la salud, ya que suaviza los rasgos y los gestos, da brillo a los ojos, abre la sonrisa, y hacer fluir la energía por el organismo. Sus otros ingredientes son la naturalidad, la higiene, la serenidad y el humor inteligente", dice la psicóloga clínica Patricia Villalba.

El concepto de lo bello abarca la felicidad, la dignidad, la bondad, la sabiduría, el amor, la realización de uno mismo y la autenticidad, según las conclusiones de dos investigadoras norteamericanas, Nancy Etcoff y Susie Orbach, después (por/de) estudiar la relación de las mujeres con la belleza.

Existe, además, "un amigo de la (buen/buena) imagen, económico, sencillo y accesible: nuestro atractivo original", dice Eva Gizowska, autora de "Seducción: 100 consejos para atraer', quien en la revista 'Psicología Práctica' afirma que "no es bueno intentar (es/ser) quien no somos."

Ahora (buen/bien), para atraer a los demás es fundamental la serenidad; es decir, esa "paz de espíritu que sale de dentro hacia fuera" porque "las personas que muestran paz interior, resultan inevitablemente (seductores/seductoras)".

Patricia Villalba aconseja cultivar el humor inteligente, porque nadie puede resistirse a una persona ingeniosa, simpática, culta, franca y confiable, que sabe escuchar y decir cosas que interesan.

5 참여마당

Lo nuevo Medio
Idioma español

Julio
Miércoles 8

⦿ 정확하게 쓰인 단어 고르기

1) 맞는 것을 고르세요. (Señala la palabra correcta)
   ① despues
   ② dispues
   ③ después

2) 맞는 것을 고르세요. (Señala la palabra correcta)
   ① cultibar
   ② cultivar
   ③ cutivar

3) 맞는 것을 고르세요. (Señala la palabra correcta)
   ① demas
   ② dimas
   ③ demás

⦿ 본문 이해 확인하기

1) 이 뉴스는 무엇에 대해 이야기하고 있나요?
   ① la buena imagen
   ② la psicología práctica
   ③ no hay nada más sexy que el humor inteligente

2) 여성심리학자들이 권하는 것은?
   ① la inteligencia
   ② el aspecto físico
   ③ el dinero

음식 2

1. **학습내용**

   학습목표

2. **미리보기** • 어휘 체크

3. **뉴스보기**

4. **뉴스해설** • 표현연구 • 확인하기

5. **참여마당** • 정확하게 쓰인 단어 고르기

   • 본문 이해 확인하기

Lo nuevo Medio
Idioma español

음식2

Lunes
Mayo 21

학습내용
카카오와 초콜릿이 산업에 미치는 영향

학습목표
카카오와 초콜릿이 산업에 미치는 영향에 관한 스페인어 표현을 이해하고 활용할 수 있다.

2 미리보기

Lo nuevo Medio
Idioma español

Martes
Junio 13

어휘 체크

experto 명	**gastronómica** 형
cacao 명	**protagonista** 명
cotizado 형	**adictivo** 형
pastelero 명	**provocar** 동
mercadotecnia 명	**experiencia** 명
espectacular 형	**artística** 형
señalar 동	**jornada** 명
producto 명	**derivada** 형
petróleo 명	**acné** 명
museo 명	**engordar** 동
vaticinar 동	**centrarse** 동
convertirse 동	**formato** 명
fuente 명	**asociado** 형
mover 동	**protagonista** 명
sector 명	**explicar** 동
estratégico 형	**dulce** 형
declaración 명	**comercialización** 명
encima 부	**bombones** 명
multinacional 명	**jornada** 명
almacenar 동	**en lugar de** 접
aseverar 동	**pertenecer** 동
coincidir 동	**patrimonio** 명
conferencia 명	
temática 명	

11 음식 2 115

뉴스 보기

Dos expertos señalan que el cacao va a ser un producto mejor cotizado que el petróleo

Dos expertos en cacao, el pastelero Jaume Urgellés, y el director del Museo del Chocolate y experto en mercadotecnia, Francesc Gil, vaticinaron hoy que el cacao se convertirá en una fuente de riqueza por encima del petróleo. También afirmaron que el cacao moverá miles de millones de euros en el mundo.

"Se está convirtiendo en una fuente de riqueza realmente espectacular, por encima del agua o del petróleo, y de aquí a unos años vamos a ver como las grandes multinacionales del sector van a ir almacenando el producto porque sin duda se va a convertir en un valor estratégico muy importante", aseveró Gil en declaraciones.

Los dos expertos coincidieron hoy en una de las conferencias de las "Experiencias Culturales" que el Castillo de Peralada, (Girona), organiza desde hace tres años con temáticas culturales, artísticas o gastronómicas. En la jornada de hoy, el protagonista fue el cacao y su derivada estrella, el chocolate, un producto que según estos dos expertos ni es adictivo, ni provoca acné, ni engorda más de lo necesario.

Gil se centró en los aspectos más relacionados con la economía de la comercialización del chocolate y explicó que de todos sus formatos, el que peor se vende son los bombones, "ya que están asociados a un regalo para otra persona, en lugar de como un regalo para ti mismo".

Además explicó que algunas de las grandes fortunas del mundo, pertenecen a las multinacionales que comercializan el chocolate, que son tan solo 5 o 6 en el mundo, y entre las que destacan algunas como la italiana Ferrero - con un dulce patrimonio de 7.170 millones de euros-, o las suizas Barry Callebaut y Lindt.

-Texto modificado de EFE-

4 뉴스 해설

Lo nuevo Medio
Idioma español

Agosto
Jueves 19

표현연구

Dos expertos señalan que el cacao va a ser un producto mejor cotizado que el petróleo

- ★ **experto :** 전문가
- ★ **señalar :** 지적하다, 언급하다
- ★ **cacao :** 카카오
- ★ **producto :** 생산품
- ★ **cotizado :** 가치가 나가는
- ★ **petróleo :** 석유

뉴스 해설

Dos expertos en cacao, el pastelero Jaume Urgellés, y el director del Museo del Chocolate y experto en mercadotecnia, Francesc Gil, vaticinaron hoy que el cacao se convertirá en una fuente de riqueza por encima del petróleo. También afirmaron que el cacao moverá miles de millones de euros en el mundo.

- ★ **pastelero :** 제과제빵사
- ★ **mercadotecnia :** 마케팅
- ★ **vaticinar :** 예언하다
- ★ **fuente de riqueza :** 부의 원천
- ★ **por encima de :** -를 넘어서서, -의 위로
- ★ **miles de millones de euros :** 수십억 유로
- ★ **también :** 또한
- ★ **afirmar** 동사 단순과거형

afirmé	afirmamos
afirmaste	afirmasteis
afirmó	afirmaron

- ★ **convertir** 동사 미래형

convertiré	convertiremos
convertirás	convertiréis
convertirá	convertirán

뉴스 해설

"Se está convirtiendo en una fuente de riqueza realmente espectacular, por encima del agua o del petróleo, y de aquí a unos años vamos a ver como las grandes multinacionales del sector van a ir almacenando el producto porque sin duda se va a convertir en un valor estratégico muy importante", aseveró Gil en declaraciones.

- ★ **se está convirtiendo** : convertir, 변하고 있는 중이다 (convertiendo가 아님)
- ★ **espectacular** : 주목할 만한, 괄목할 만한
- ★ **a unos años** : 몇 년 후에
- ★ **las grandes multinacionales** : 거대 다국적 기업들
- ★ **sector** : 부문, 분야
- ★ **almacenar** : 저장하다
- ★ **van a ir almacenando** : 저장해 가려 하고 있다
- ★ **sin duda** : 의심 없이
- ★ **valor** : 가치
- ★ **estratégico** : 전략적인
- ★ **aseverar** : 단언하다, 단정하다
- ★ **declaración** : 선언, 공개발언

뉴스 해설

Los dos expertos coincidieron hoy en una de las conferencias de las "Experiencias Culturales" que el Castillo de Peralada, (Girona), organiza desde hace tres años con temáticas culturales, artísticas o gastronómicas.

★ **coincidir** : 의견일치하다

★ **conferencia** : 회의

★ **experiencia cultural** : 문화적 경험

★ **castillo** : 성

★ **organizar** : 조직하다

★ **desde hace tres años** : 3년 전부터

★ **temática** : 주제

★ **artístico** : 예술적인

★ **o** : 혹은

★ **gastronómico** : 요리에 관한

뉴스 해설

En la jornada de hoy, el protagonista fue el cacao y su derivada estrella, el chocolate, un producto que según estos dos expertos ni es adictivo, ni provoca acné, ni engorda más de lo necesario.

★ **jornada :** 일정

★ **protagonista :** 주인공

★ **fue :** ser 동사 단순과거

fui	fuimos
fuiste	fuistes
fue	fueron

★ **derivada :** 나온, 파생된

★ **estrella :** 별

★ **ni A ni B :** A도 아니고 B도 아니다

★ **adictivo :** 중독성이 있는

★ **provocar :** 유발하다

★ **acné :** 여드름

★ **engordar :** 살찌게 하다, 뚱뚱하게 하다

뉴스 해설

Gil se centró en los aspectos más relacionados con la economía de la comercialización del chocolate y explicó que de todos sus formatos, el que peor se vende son los bombones, "ya que están asociados a un regalo para otra persona, en lugar de como un regalo para ti mismo".

★ **centrarse :** 집중하다

★ **relacionado :** 관련된

★ **comercialización :** 상품화, 상업화

★ **explicar :** 설명하다

★ **formato :** 형태

★ **el que peor :** 가장 나쁜 것

★ **venderse :** 팔리다

★ **bombones :** 봉봉 초콜릿

★ **ya que :** – 이기 때문에, 왜냐하면

★ **regalo :** 선물

★ **en lugar de :** – 대신에

★ **para ti mismo :** 너 자신을 위해서

뉴스 해설

Además explicó que algunas de las grandes fortunas del mundo, pertenecen a las multinacionales que comercializan el chocolate, que son tan solo 5 o 6 en el mundo, y entre las que destacan algunas como la italiana Ferrero - con un dulce patrimonio de 7.170 millones de euros-, o las suizas Barry Callebaut y Lindt.

- ★ **fortuna :** 재산
- ★ **pertenecer a :** -에 속하다
- ★ **comercializar :** 상업화하다
- ★ **destacar :** 두드러지다
- ★ **dulce patrimonio :** 달콤한 재산
- ★ **suiza :** 스위스의

Lo nuevo Medio
Idioma español

확인하기

Diciembre
Viernes 31

괄호 안의 두 단어 중 알맞은 것을 고르세요.

Dos expertos señalan que el (agua/cacao) va a ser un producto mejor cotizado que el petróleo

Dos expertos en cacao, el pastelero Jaume Urgellés, y director del Museo del Chocolate y experto en (mercadatecnia/mercadotecnia), Francesc Gil, vaticinaron hoy que el cacao se convertirá en una fuente de riqueza por encima del petróleo. También afirmaron que el cacao moverá miles de millones de euros en el mundo.

"Se está convirtiendo en una fuente de riqueza realmente espectacular, por encima del agua o del petróleo, y de aquí a unos años vamos a ver como las grandes multinacionales del sector van a ir (almacenado/almacenando) el producto porque (sin/con) duda se va a convertir (en/a) un valor estratégico muy importante", aseveró Gil en declaraciones.

Los dos expertos coincidieron hoy (en/de) una de las conferencias de las "Experiencias Culturales" que el Castillo de Peralada, (Girona), organiza (de/desde) hace tres años con temáticas culturales, artísticas o gastronómicas.En la jornada de hoy, el protagonista fue el cacao y su derivada estrella, el chocolate, un producto que según estos dos expertos ni es adictivo, ni provoca acné, (y/ni) engorda más de lo necesario.

Gil se centró en los aspectos más relacionados con la economía de la comercialización del chocolate y explicó que de todos sus formatos, el que (mejor/peor) se vende son los bombones, "ya que están asociados a un regalo para otra persona, en lugar de como un regalo para ti mismo".

Además explicó que algunas de las grandes fortunas del mundo, pertenecen (de/a) las multinacionales que comercializan el chocolate, que son tan solo 5 o 6 en el mundo, y entre las que destacan algunas como la italiana Ferrero - con un dulce patrimonio de 7.170 millones de euros-, o las suizas Barry Callebaut y Lindt.

5 참여마당

Lo nuevo Medio
Idioma español

Julio
Miércoles 8

◉ 정확하게 쓰인 단어 고르기

1) 맞는 것을 고르세요. (Señala la palabra correcta)
   ① comvertiendo
   ② convertiendo
   ③ convirtiendo

2) 맞는 것을 고르세요. (Señala la palabra correcta)
   ① petroleo
   ② petróleo
   ③ petroléo

3) 맞는 것을 고르세요. (Señala la palabra correcta)
   ① para tí mismo
   ② para tú mismo
   ③ para ti mismo

◉ 본문 이해 확인하기

1) 이 뉴스는 무엇에 대해 이야기하고 있나요?
   ① el valor de cacao
   ② el petróleo como la fuente de riqueza
   ③ la conferencia en Suiza

2) 뉴스에 의하면 봉봉 초콜릿은 무엇인가요?
   ① el peor formato de chocolate
   ② el mejor formato de chocolate
   ③ el mejor regalo para ti mismo

환경

1. **학습내용**

   학습목표

2. **미리보기** • 어휘 체크

3. **뉴스보기**

4. **뉴스해설** • 표현연구 • 확인하기

5. **참여마당** • 정확하게 쓰인 단어 고르기

   • 본문 이해 확인하기

Lo nuevo Medio
Idioma español

1 환경

Lunes
Mayo 21

학습내용
지구온난화와 해수면의 상승

학습목표
지구온난화와 해수면의 상승이 환경과 인간의 삶에 미치는 영향에 관한 스페인어 표현을 이해하고 활용할 수 있다.

Lo nuevo Medio
Idioma español

②미리보기

Martes
Junio 13

● la República de Kiribati

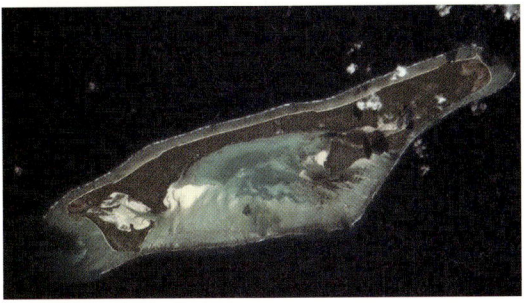

● las Islas Marshall

● Fiyi

● Tuvalu

12 환경 129

Lo nuevo Medio
Idioma español

미리보기

Martes
Junio 13

● La isla de Lohachara

● el archipiélago de Vanuatu

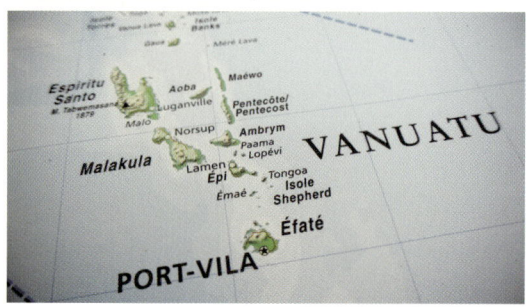

● la bahía de Bengala

2 미리보기

Lo nuevo Medio
Idioma español

Martes
Junio 13

어휘 체크

tierra 명	**afectado** 형	**archipiélago** 명
el nivel del mar 명	**cubierto** 형	**insular** 형
el calentamiento 형	**advertir** 동	**presidente** 명
atemorizar 동	**perspectiva** 명	**próximo** 형
litoral 명	**velocidad** 명	**firme** 형
anegado 형	**montaña** 명	**temido** 형
aumento 명	**aproximadamente** 형	**ubicado** 형
consecuencia 명	**doble** 명	**noreste** 명
global 형	**planeta** 명	**negociar** 동
población 명	**subida** 명	**porción** 명
expuesto 형	**iniciativa** 명	**albergar** 동
condenado 분	**afectar** 동	**desaparición** 명
deshielo 명	**calentar** 동	**afrontar** 동
glaciar 명	**resto** 명	**situado** 형
titulado 형	**ante** 형	**calcularse** 동
pérdida 명	**habitado** 형	**medioambiental** 형

La isla de Lohachara 명
Australia 명
República de Kiribati 명
similar 형
las Islas Marshall o Tuvalu 명

bahía 명
la bahía de Bengala 명
refugiado 형
el Océano Pacífico 명
el cambio climático 명

뉴스 보기

Julio
Miércoles 8

 Va_Noticias_12

El mar se come la tierra

El aumento del nivel del mar es una de las consecuencias del calentamiento global que más atemoriza a la población mundial que vive en los litorales. Hay zonas más expuestas que otras, pero ya hay tierras anegadas y otras que saben que están condenadas a quedar sumergidas en poco tiempo.

"Cientos de millones de personas se verán afectadas por el deshielo y la disminución de glaciares y cubiertas de nieve como consecuencia del cambio climático", advirtió un informe del Programa de la ONU para el Medio Ambiente (PNUMA).

En este informe titulado "Perspectiva Global sobre la Nieve y el Hielo", se señala que "solo la pérdida de nieve y de los glaciares de las montañas de Asia va a afectar aproximadamente al 40 por ciento de la población mundial". Y el Ártico, señalan, se está calentando "casi al doble de la velocidad que el resto del planeta".La subida del nivel del mar puede cubrir zonas habitadas y ya hay gobiernos que están tomando iniciativas, como es el caso de la República de Kiribati, un archipiélago y país insular ubicado en la zona central oeste del Océano Pacífico, al noreste de Australia.

Anote Tong, Presidente de este país, negocia desde hace meses comprar al próximo de Fiyi una porción de tierra firme para albergar a su población, ante la temida desaparición de la nación.Otras naciones insulares como las Islas Marshall o Tuvalu afrontan un problema similar al de Kiribati.

La isla de Lohachara, situada en la bahía de Bengala ya ha desaparecido. También el archipiélago de Vanuatu, en el Océano Pacífico Sur, ha visto desaparecer sus islas más bajas. Y, solo en la zona de la Bahía de Bengala, se calcula que unas 70.000 personas se convertirán en refugiados medioambientales en los próximos años.

-Texto modificado de EFE-

4 뉴스 해설

Lo nuevo Medio
Idioma español

Agosto
Jueves 19

표현연구

El mar se come la tierra

★ **el mar o la mar :** 바다 (바다는 남성과 여성이 모두 가능)

★ **강조의 se :** 수동의 'se', 비인칭의 'se'도 있지만 의미를 강조하는 강조의 'se'도 있다.

El aumento del nivel del mar es una de las consecuencias del calentamiento global que más atemoriza a la población mundial que vive en los litorales. Hay zonas más expuestas que otras, pero ya hay tierras anegadas y otras que saben que están condenadas a quedar sumergidas en poco tiempo.

★ **el aumento del nivel del mar :** 해수면의 상승

★ **consecuencia :** 결과

★ **el calentamiento global :** 지구온난화

★ **atemorizar :** 두렵게 하다

★ **litoral :** 해안가

★ **expuesto :** 위험한

★ **anegado :** 침수된

★ **condenado :** 선고된

★ **quedar :** 있다, 머물다

★ **sumergido :** 잠겨진

★ **en poco tiempo :** 얼마 후에, 곧

뉴스 해설

"Cientos de millones de personas se verán afectadas por el deshielo y la disminución de glaciares y cubiertas de nieve como consecuencia del cambio climático", advirtió un informe del Programa de la ONU para el Medio Ambiente (PNUMA).

★ **cientos de millones de personas :** 수억 명의 사람들

★ **se verán :** ver동사의 미래형, 보여지게 될 것이다.

veré	veremos
verás	veréis
verá	verán

★ **afectadas :** 영향을 받은

★ **deshielo :** 해빙, 빙하가 녹는 것

★ **disminución :** 감소

★ **glaciar :** 빙하

★ **cubiertas :** 덮인 것

★ **nieve :** 눈

★ **el cambio climático :** 기후변화

★ **advertir :** 알아차리다

★ **la ONU :** UN (la Organización de las Naciones Unidas)

★ **el Medio Ambiente :** 환경 (두 단어가 합쳐져서 우리말로 한 단어가 되었다.)

뉴스 해설

En este informe titulado "Perspectiva Global sobre la Nieve y el Hielo", se señala que "solo la pérdida de nieve y de los glaciares de las montañas de Asia va a afectar aproximadamente al 40 por ciento de la población mundial". Y el Ártico, señalan, se está calentando "casi al doble de la velocidad que el resto del planeta".

- ★ **informe titulado :** -라는 이름의 보고서

- ★ **Perspectiva Global sobre la Nieve y el Hielo :** 눈과 얼음에 관한 국제적 전망

- ★ **la pérdida :** 손실

- ★ **afectar :** 영향을 미치다, 손상을 입히다

- ★ **aproximadamente :** 거의, 대략

- ★ **el Ártico :** 북극

- ★ **se está calentando :** 더워지고 있다 (calentar 동사의 현재분사)

- ★ **casi :** 거의

- ★ **al doble :** 두 배로

- ★ **velocidad :** 속도

- ★ **el resto :** 나머지 부분

- ★ **el planeta :** 혹성, 우리의 별 지구 (남성명사)

뉴스 해설

La subida del nivel del mar puede cubrir zonas habitadas y ya hay gobiernos que están tomando iniciativas, como es el caso de la República de Kiribati, un archipiélago y país insular ubicado en la zona central oeste del Océano Pacífico, al noreste de Australia.

- ★ **subida :** 상승, 오름
- ★ **cubrir :** 덮다
- ★ **iniciativa :** 선제적 조치
- ★ **caso :** 경우, 케이스
- ★ **república :** 공화국
- ★ **archipiélago :** 제도, 섬들
- ★ **insular :** 섬의
- ★ **ubicado :** 위치한
- ★ **oeste del Océano Pacífico :** 태평양 서쪽
- ★ **el noreste de Australia :** 호주 북동쪽

뉴스 해설

Anote Tong, Presidente de este país, negocia desde hace meses comprar al próximo de Fiyi una porción de tierra firme para albergar a su población, ante la temida desaparición de la nación. Otras naciones insulares como las Islas Marshall o Tuvalu afrontan un problema similar al de Kiribati.

- ★ **negociar :** 협상하다
- ★ **porción :** 부분
- ★ **albergar :** 수용하다
- ★ **desaparición :** 사라짐, 없어짐
- ★ **similar :** 유사한
- ★ **próximo :** 가까운
- ★ **firme :** 단단한 지반의
- ★ **temida :** 두려운
- ★ **afrontar :** 직면하다

La isla de Lohachara, situada en la bahía de Bengala ya ha desaparecido. También el archipiélago de Vanuatu, en el Océano Pacífico Sur, ha visto desaparecer sus islas más bajas. Y, solo en la zona de la Bahía de Bengala, se calcula que unas 70.000 personas se convertirán en refugiados medioambientales en los próximos años.

- ★ **situada :** 위치한
- ★ **bahía :** 만
- ★ **ha desaparecido :** 사라졌다
- ★ **islas más bajas :** (고도가) 낮은 섬들
- ★ **calcularse :** 추산되다
- ★ **refugiados medioambientales :** 환경적 난민

Lo nuevo Medio
Idioma español

확인하기

Diciembre
Viernes 31

괄호 안의 두 단어 중 알맞은 것을 고르세요.

El mar se come la tierra

El aumento del nivel del mar es (uno/una) de las consecuencias del calentamiento global que más (atemorizan/atemoriza) a la población mundial que vive en (los/las) litorales. Hay zonas más expuestas (para/que) otras, pero ya hay tierras anegadas y otras que saben que están condenadas a quedar sumergidas en poco tiempo.

"Cientos de millones de personas se verán (afectados/afectadas) por el deshielo y la disminución de glaciares y cubiertas de nieve como consecuencia del cambio climático", advirtió un informe del Programa de la ONU para el (Medio/Media) Ambiente (PNUMA).

En este informe titulado "Perspectiva Global sobre la Nieve y el Hielo", se señala que "solo la pérdida de nieve y de los glaciares de las montañas de Asia va a afectar aproximadamente al 40 por ciento de la población mundial". Y el Ártico, señalan, se está calentando "casi (el/al) doble de la velocidad que el resto (del/de la) planeta".

La subida del nivel del mar puede cubrir zonas habitadas y ya hay gobiernos que están tomando iniciativas, como es el caso de la República de Kiribati, un archipiélago y país insular ubicado en la zona central oeste del Océano Pacífico, al noreste de Australia.Anote Tong, Presidente de este país, negocia desde hace meses comprar al próximo

확인하기

de Fiyi una porción de tierra firme para albergar a su población, ante la temida desaparición de la nación. Otras naciones insulares (para/como) las Islas Marshall o Tuvalu afrontan (una/un) problema similar al de Kiribati.

La isla de Lohachara, situada en la bahía de Bengala ya ha desaparecido. También el archipiélago de Vanuatu, en el Océano Pacífico Sur, ha visto desaparecer sus islas más bajas. Y, solo en la zona de la Bahía de Bengala, se calcula que unas 70.000 personas se convertirán en refugiados medioambientales en los próximos años.

5 참여마당

Lo nuevo Medio
Idioma español

Julio
Miércoles 8

◉ 정확하게 쓰인 단어 고르기

1) 맞는 것을 고르세요. (Señala la palabra correcta)
   ① archipielago
   ② archipielagu
   ③ archipiélago

2) 맞는 것을 고르세요. (Señala la palabra correcta)
   ① Oceáno Pacífico
   ② Océano Pacifico
   ③ Océano Pacífico

3) 맞는 것을 고르세요. (Señala la palabra correcta)
   ① Artico
   ② Ártico
   ③ Articó

◉ 본문 이해 확인하기

1) 이 뉴스는 무엇에 대해 이야기하고 있나요?
   ① el calentamiento global
   ② la desaparición de las islas
   ③ los refugiados medioambientales

2) 뉴스에 의하면 벵골만 지역에서만 약 …… 명의 사람들이 환경적 난민이 될 것입니다.
   ① 70000명
   ② 7000명
   ③ 700명

사회

1. 학습내용

   학습목표

2. 미리보기 • 어휘 체크

3. 뉴스보기

4. 뉴스해설 • 표현연구 • 확인하기

5. 참여마당 • 정확하게 쓰인 단어 고르기

   • 본문 이해 확인하기

1 사회

Lo nuevo Medio
Idioma español

Lunes
Mayo 21

학습내용
지구의 종말과 노아의 방주

학습목표
지구의 종말과 노아의 방주가 인간의 삶에 미치는 영향에 관한 스페인어 표현을 이해하고 활용할 수 있다.

Lo nuevo Medio
Idioma español

2 미리보기

Martes
Junio 13

어휘 체크

◎ el arca de Noé (노아의 방주)

empresario 명	**provincia** 명	**observación** 명
sobrevivir 동	**resistir** 동	**desastre** 명
pedido 명	**Apocalipsis(** 명	**temperatura** 명
yuan 명	**diámetro** 명	**caída** 명
originario 형	**peso** 명	**prueba** 명
oriental 형	**sistema** 명	**diseño** 명
vender 동	**ventilación** 명	**consumidor** 명
fin 명	**radiación** 명	**aterrizar** 동
costar 동	**esfera** 명	**hecha** 형
equivaler 동	**tonelada** 명	
gusto 명	**asiento** 명	

13 사회   143

3 뉴스 보기

Lo nuevo Medio
Idioma español

Julio
Miércoles 8

 Va_Noticias_13

Un empresario chino vende "arcas de Noé" para sobrevivir al "fin del mundo"

Un empresario chino recibe más de 20 pedidos de un "Arca de Noé" para sobrevivir al "fin del mundo".

El "arca de Noé" del empresario cuesta 5 millones de yuanes, lo que equivale a unos 800.000 dólares.

El empresario se llama Yang Zongfu, tiene 32 años y es originario de la ciudad de Yiwu, en la provincia oriental de Zhejiang.

Afirma que sus "arcas" resisten al Apocalipsis.

El "Arca de Noé" china es una esfera.

La esfera tiene un diámetro de cuatro metros y seis toneladas de peso.

La esfera tiene un asiento seguro y sistemas de observación y ventilación.

Es a prueba de desastres, radiación, y temperaturas altas.

Resiste la caída desde una montaña de 50 metros de alto y aterriza sin problemas en el agua, según las pruebas hechas.

Además, el diseño por dentro es a gusto del consumidor.

-Texto modificado de EFE-

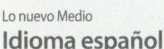

4 뉴스 해설

Agosto
Jueves 19

표현연구

Un empresario chino vende "arcas de Noé" para sobrevivir al "fin del mundo"

★ **empresario :** 기업가

★ **vender :** 팔다

★ **sobrevivir :** 생존하다, 살아남다

★ **el fin del mundo :** 지구의 종말

★ **chino :** 중국의

★ **recibir :** 받다

★ **pedido :** 주문

★ **el Arca de Noé :** 노아의 방주

뉴스 해설

El "arca de Noé" del empresario cuesta 5 millones de yuanes, lo que equivale a unos 800.000 dólares.

- ★ **costar :** 가격이 나가다
- ★ **yuan :** 위안
- ★ **lo que :** 그것은
- ★ **equivaler a :** –와 같다
- ★ **dólar :** 달러 (원 : won, wones)

El empresario se llama Yang Zongfu, tiene 32 años y es originario de la ciudad de Yiwu, en la provincia oriental de Zhejiang.

- ★ **se llama :** 이름이 불리다 (Me llamo _____)
- ★ **ser originario de :** – 출신이다.
- ★ **provincia :** 지방
- ★ **oriental :** 동쪽의
- ★ **la ciudad de Yiwu :** 이우시
- ★ **Zhejiang :** 절강성

뉴스 해설

Afirma que sus "arcas" resisten al Apocalipsis. El "Arca de Noé" china es una esfera.

- **afirmar :** 주장하다
- **resistir a :** -을 견뎌내다
- **esfera :** 구, 공모양

La esfera tiene un diámetro de cuatro metros y seis toneladas de peso.
La esfera tiene un asiento seguro y sistemas de observación y ventilación.

- **diámetro :** 직경
- **metro :** 미터, 지하철
- **tonelada :** 톤
- **peso :** 무게
- **asiento seguro :** 안전좌석
- **sistemas de observación y ventilación :** 관찰 및 환기 시스템

Es a prueba de desastres, radiación, y temperaturas altas.

- **ser a prueba :** 견디다
- **prueba :** 증명, 시험
- **desastre :** 재해
- **radiación :** 방사능
- **temperaturas altas :** 고온

뉴스 해설

Resiste la caída desde una montaña de 50 metros de alto y aterriza sin problemas en el agua, según las pruebas hechas.

- ★ **resistir :** 견디다
- ★ **caída :** 낙하
- ★ **50 metros de alto :** 50미터 높이
- ★ **aterrizar :** 착륙하다
- ★ **sin problemas :** 문제없이
- ★ **las pruebas hechas :** 시행된 시험

Además, el diseño por dentro es a gusto del consumidor.

- ★ **además :** 게다가
- ★ **diseño :** 디자인
- ★ **el diseño por dentro :** 내부 디자인
- ★ **ser a gusto :** 취향에 따르다
- ★ **consumidor :** 소비자

확인하기

Lo nuevo Medio
Idioma español

Diciembre
Viernes 31

괄호 안의 두 단어 중 알맞은 것을 고르세요.

Un empresario chino vende "arcas de Noé" para sobrevivir al "fin del mundo"

Un empresario chino recibe más de 20 (pedidas/pedidos) de un "Arca de Noé" para sobrevivir (al/del) "fin del mundo".

El "arca de Noé" del empresario cuesta 5 millones de (wones/yuanes), lo que equivale a unos 800.000 dólares.

El empresario se llama Yang Zongfu, tiene 32 años y es originario de la ciudad de Yiwu, en la provincia oriental de Zhejiang.

Afirma que sus "arcas" (resiste/resisten) al Apocalipsis.

El "Arca de Noé" china es una esfera.

La esfera tiene un diámetro de cuatro metros y seis (tonelados/toneladas) de peso.

La esfera tiene un asiento seguro y sistemas de observación y ventilación.

Es a prueba de desastres, radiación, y temperaturas altas.

Resiste la caída desde una montaña de 50 metros de alto y (aterrizo/aterriza) sin problemas en el agua, según las pruebas hechas.

Además, el diseño por dentro es (de/a) gusto del consumidor.

5 참여마당

Lo nuevo Medio
Idioma español

Julio
Miércoles 8

◉ 정확하게 쓰인 단어 고르기

1) 맞는 것을 고르세요. (Señala la palabra correcta)
   ① dolar
   ② dollar
   ③ dólar

2) 맞는 것을 고르세요. (Señala la palabra correcta)
   ① diametro
   ② diámetro
   ③ díametro

3) 맞는 것을 고르세요. (Señala la palabra correcta)
   ① ventilation
   ② ventilación
   ③ ventilacion

◉ 본문 이해 확인하기

1) 이 뉴스는 무엇에 대해 이야기하고 있나요?
   ① el Apocalipsis y un empresario
   ② el arca de Noé
   ③ la provincia oriental de China

2) 뉴스에 의하면 그 기업가가 만든 방주는 어떤가요?
   ① resiste la caída desde una montaña de 100 metros de alto.
   ② tiene cinco toneladas de peso.
   ③ tiene un diámetro de cuatro metros.

정답

정답

01 생활과 사건

- 확인하기

  huevos

  hombre

  delito

- 정확하게 쓰인 단어 고르기

  1) ①

  2) ①

  3) ①

- 본문 이해 확인하기

  1) ③

  2) ③

02 세계와 사람

- 확인하기

  representan

  supone

  Ese

  En

  forman

  más

- 정확하게 쓰인 단어 고르기

  1) ①

  2) ①

  3) ①

- 본문 이해 확인하기

  1) ③

  2) ③

03 국제

- 확인하기

  parte

  provoca

  Invertir

- 정확하게 쓰인 단어 고르기

  1) ①

  2) ①

  3) ①

- 본문 이해 확인하기

  1) ①

  2) ①

04 문화

- 확인하기

  abre

abrir

entrar

en

- 정확하게 쓰인 단어 고르기

  1) ①

  2) ①

  3) ①

- 본문 이해 확인하기

  1) ①

  2) ③

05 건강

- 확인하기

  tienen

  traduce

  etrasado

  bajas

  atajar

  pérdida

- 정확하게 쓰인 단어 고르기

  1) ③

  2) ②

  3) ③

- 본문 이해 확인하기

  1) ①

  2) ②

06 문화 2

- 확인하기

  de

  como

  tiene

  exitosas

  por

- 정확하게 쓰인 단어 고르기

  1) ③

  2) ②

  3) ③

- 본문 이해 확인하기

  1) ①

  2) ①

07 의학

- 확인하기

  Leer

  como

  afirman

  poesía

  beneficiosa

  muestran

  poco

  compleja

- 정확하게 쓰인 단어 고르기

  1) ③

2) ②

3) ③

- 본문 이해 확인하기

  1) ①

  2) ①

08 음식

- 확인하기

  atrae

  música

  fines

  abierto

  animadamente

  turistas

  descansar

  japonesa

  qué

  envían

- 정확하게 쓰인 단어 고르기

  1) ③

  2) ②

  3) ③

- 본문 이해 확인하기

  1) ①

  2) ①

09 국제 2

- 확인하기

  iberoamericanos

  intereses

  naciones

  vigésimo

  regional

  desigualdad

  empleo

  a

  a

  hermandad

- 정확하게 쓰인 단어 고르기

  1) ③

  2) ②

  3) ③

- 본문 이해 확인하기

  1) ①

  2) ①

10 건강 2

- 확인하기

  como

  pueden

  un

  nada

  de

  buena

ser

bien

seductoras

- 정확하게 쓰인 단어 고르기

  1) ③

  2) ②

  3) ③

- 본문 이해 확인하기

  1) ①

  2) ①

11 음식 2

- 확인하기

  cacao

  mercadotecnia

  almacenando

  sin

  en

  desde

  ni

  peor

  a

- 정확하게 쓰인 단어 고르기

  1) ③

  2) ②

  3) ③

- 본문 이해 확인하기

  1) ①

  2) ①

12 환경

- 확인하기

  una

  atemoriza

  los

  que

  afectadas

  Medio

  al

  del

  como

  un

- 정확하게 쓰인 단어 고르기

  1) ③

  2) ②

  3) ②

- 본문 이해 확인하기

  1) ①

  2) ①

13 사회

- **확인하기**

    pedidos

    al

    yuanes

    resisten

    toneladas

    aterriza

    a

- **정확하게 쓰인 단어 고르기**

    1) ③

    2) ②

    3) ②

- **본문 이해 확인하기**

    1) ①

    2) ③